经济学
中国时代

周 文◎著

上海人民出版社

目　录

目 录

附　录

代序　经济学的中国时代

2015 年 11 月 23 日，中共中央政治局就马克思主义政治经济学基本原理和方法论进行第二十八次集体学习。习近平总书记在主持学习时强调，要立足我国国情和我国发展实践，揭示新特点新规律，提炼和总结我国经济发展实践的规律性成果，把实践经验上升为系统化的经济学说，不断开拓当代中国马克思主义政治经济学新境界。

这一新的论述，不但突出了创新当代中国马克思主义政治经济学的重要意义，同时也对我国经济学者提出了构建具有中国特色、中国风格、中国气派的经济学的新要求和新任务。

2016 年 5 月 17 日，习近平总书记在哲学社会科学工作座谈会上强调，一个没有发达的自然科学的国家不可能走在世界前列，一个没有繁荣的哲学社会科学的国家也不可能走在世界前列。坚持和发展中国特色社会主义，需要不断在实践和理论上进行探索、用发展着的理论指导发展着的实践。

当代中国正经历着我国历史上最为广泛而深刻的社会变革，也正在进行着人类历史上最为宏大而独特的实践创新。这种前无古人的伟大实践，必将给理论创造、学术繁荣提供强大动力和广阔空间。这是一个需要理论而且一定能够产生理论的时代。这是一个需要思想而且一定能够产生思想的时代。

一、经济学正迈入中国时代

经济学理论是对经济现实的一种逻辑化解释，真实世界的变化推动着理论变化。因此，经济学研究的学术中心总是随着世界经济中心的转移而变化。

自经济学成为完整体系以来，经济学研究中心经历了两次大的变迁，第一次是经济学的英国时代。从工业革命到第一次世界大战，英国是世界上最强的国家，是世界经济中心，经济学成为英国时代的经济学；第二次是从19世纪末20世纪初，美国崛起，美国取代英国逐渐成为世界的经济中心，经济学进入美国时代。

现在中国已成为世界第二大经济体，按照学者们普遍预测，在2030年左右，中国的经济总量有可能超过美国，成为世界最大的经济体，从而终结美国一百多年来领先全球的历史。

当前人类社会正经历着一个数百年难遇的巨变时代，中国经济的崛起不但会改变世界经济的格局，也会推动着经济学研究重心的转移。如果中国将成为未来世界经济的中心，那么，发生在中国的经济现象一定会成为最重要的世界经济现象。理论的重要性取决于被解释对象的重要性，在此背景下，中国问题必然成为世界问题。因此，未来 30 年，随着中国经济再次重返世界中心，世界即将迈入经济学的中国时代。

当前这个时代，中国令人瞩目的事件有两个：中国的崛起成功实现了赶超，以及由此引发的世界政治经济格局与秩序的调整与重组。由此而来，中国经济学所肩负的使命就是基于中国经验、中国道路、中国实践，讲好"中国故事"，并通过理论创新，在中国深刻的经济社会转型中为经济发展明确方向。另一方面，当今世界正目睹庞大中国的崛起以及全球金融危机后强势西方文明的日渐式微。在全球化及金融危机所带来的新问题将全世界带入一种徘徊或迷茫的背景下，中国经济学所要担当的历史责任就是解开全人类"认识上的枷锁"，更好地引领发展中国家的经济成长。

中国崛起有两层含义：一是意味着 300 多年来由西方中心论主导的经济学时代即将结束，也意味着中国成为经济学中的西方概念"搬运工"、西方学术话语"跑马场"的时代结束。现代西方经济学是西方经验的总结，100 多年来，不仅经济学，而且整个中国哲学社会科学体系一直笼罩在西方中心论的霸权话语体系下，而中国的崛起解构了西方话语体系。二是世界发展巨变和新格局，暴露出西方经济学解释力的日渐式微和体系的自相矛盾。中国经济学只有在上述两个问题上形成有见地的理论体系，才会独立地自成一派并引领未来经济学发展，从而真正在经济学之林中占有主导地位。

二、中国经验与中国经济学

从实践经验上升为系统化的经济学说，不可能一蹴而就，需要有一个累积的过程。因此从中国实践、中国经验上升和提炼为系统化的中国经济学理论，也需要有一个漫长的过程。因为理论要具备指导意义必然要经过反复检验，注定有一个滞后期。从美国经济学的演变历程来看，从经济强国跃升为经济学强国，用了50多年时间。另一方面的教训也值得中国经济学界警惕和思考。这就是国家经济强，未必经济学强。但是，如果只是经济强，而没有自己的主流经济学，经济发展不可能走得更稳、更远，经济的强盛只可能是昙花一现。日本就是一个很好的例证。因此，随着中国经济的影响越来越大，确立中国自己的经济学正当其时。而中国经济学的系统化理论构建，更需要的是对中国发展经验的总结和提炼，进而上升为"系统化的经济学说"。

第一，中国实践和中国经验成为构建中国经济学的前提。现代西方经济学无论从起源还是从发展来看，都是与"西方"息息相关，是西方经验的总结。在过去的300多年，经济学一直笼罩在西方中心论的"现代性霸权话语体系"下。因为过去的现代化发展路径受历史局限，没有更多样本可以选择，从而造成依赖于发达国家经验而抽象出来的西方经济学成为指导各国发展的"通用"教条，众多发展中国家奉西方经济理论为"圭臬"，西方模式成为唯一可以模仿的样本。结果，西方概念充斥并泛滥，国际化成为单向输入，现代化成为西方化，甚至一些学者宣称"历史的终结"。

中国并没有遵循西方的教条，始终坚定不移地走中国特色社会主义道路，经过短短的40年时间便快速崛起，实现赶超，以更为雄辩的事实打破了西方中心论的"神话"。发展中国家西化的失败与中国特色的"成功突围"，正反两方面说明中国经验不但是中国的，更是世界的，特别是对当今在世界上仍占大多数的发展国家来说更富借鉴意义。因此，中国经济学面临的任务是，不但要解构经济学的西方中心论，更重要的是对经济学的西方概念进行"术语革命"，进而用中国特色、中国风格的术语，"创造性"重构经济学的基本理论和逻辑体系。这是构建中国经济学的基本前提。

第二，中国已具备构建中国经济学理论体系的现实基础和能力。首先，从40年来的中国经济发展成就来看，中国经济对世界经济增长的年均贡献率超过20%。其次，从未来30多年中国经济发展趋势来看，中国仍将成为推动世界经济发展的重要引擎。中国经济巨大的体量、份额以及增长潜力，说明中国经济已经具备引领世界经济的能量。这两方面奠定了构建中国经济学理论的现实基础，中国应当也有能力在世界经济发展中取得更大的"话语权"。因此，构建中国经济学"不仅有可能，而且完全有必要，完全应该"。同时，确立中国自己的经济学理论体系可以对更多发展中国家的发展提供更好的发展借鉴，从而对世界经济发展贡献更多中国智慧和中国价值。

第三，构建中国经济学理论体系是系统化总结中国发展经验的内在理论诉求。今天"中国经验"、"中国道路"、"中国实践"、"中国现象"已成为举世瞩目的话题。理论是实践的反映。马克思说："理论在一个国家实现的程度，总是决定于理论满足这个国家的需要的程度。"中华民族的伟大复兴，必然带来理论的繁荣与兴盛；中国经济的快速发展和国际地位的不断提升，必然要在经济学的理论和思想上体现出来。否则，中国经验与中国奇迹只停留在经验层面，而不能上升到理论高度，就得不出规律性结论，必然失去指导意义。

因此，在正视中国经济发展经验的同时，必然引发对"中国道路"、"中国实践"的全方位多维思考，进而提出经济学创新的理论需求。在这方面，恰恰是国内的一些学者反而不及西方学者清醒，仍然在用西方话语讲述中国故事，机械甚至固执地认为现代经济学主导者只能是西方经济学。

第四，中国发展经验是构成中国经济学的基本内核。中国发展的经验有着丰富的内涵和更加多维的层面，具有取之不尽的经济学丰富元素，远远超越西方经济学理论的曲线和模型描述。

回顾中国改革开放 40 年来的实践经验，中国经济学对此进行了很好的总结和理论提炼。从"系统化的经济学说"视角考察，目前至少已经形成诸如社会主义初级阶段、社会主义本质论、"三个有利于"标准、家庭联产承包责任制、先富和共富、市场在资源配置中的决定性作用和政府更好发挥作用、公有经济主体论、按劳分配与要素分配结合论、经济新常态、新发展理念、供给侧结构性改革等不同于西方的原创性的中国"术语"，这些自然成为中国经济学"系统化的经济学说"的"崭新概念"，同时又是构成中国特色社会主义经济理论的主要内容，进而成为中国经济学的话语体系和学术范式的显著标识。

第五，中国经验不但是中国的，更是世界的。历史上的中国曾一度衰落，今天崛起实现对西方发展模式的超越。回望整个历史进程，我们可以看出，这种超越的本质是中国国家治理能力与治理体系对西方的超越。历史上中国从秦汉开始的以郡县制代替封建制，完成了在治理能力与治理体系上对西方的第一次超越，才确立了后来中国在1000多年的历史长河中对西方发展的遥遥领先。今天，21世纪的中国在发展模式上再次实现对西方的超越，表明西方面临的危机不仅仅是发展的危机，更是治理能力和治理体系的危机。一方面，中国道路和中国实践对世界减贫作出了70%的贡献，从而使得今天的世界变得更加公平；另一方面，中国经验更符合发展中国家的发展探索，相比西方提供的发展模式，中国方案更具有普遍性和认同性。

对于发展中国家如何更好发展，经济学中有一门学科叫发展经济学，它是二战以后从西方经济学中独立出来的一个新的学科。按照发展经济学理论，二战后专门成立了一个组织，这就是今天的世界银行。世界银行的目标是帮助发展中国家发展经济，解决贫困问题，以实现消灭贫困的梦想。世界银行为发展中国家相继开出了诸如进口替代、结构主义等药方，也通过各种途径帮助发展中国家发展现代制造产业和建设基础设施。尽管有世界银行的一些具体帮助和发达国家自身的努力，但并没有从根本上解决这些国家的贫困问题。

从世界银行成立到2008年这60多年的时间里，如果去除中国改革开放之后摆脱世界贫困线的6.8亿人口数，世界贫困人口不但没有减少，反而增加了。后来的"华盛顿共识"，也更加极端化，认为发展中国家的问题主要是政府干预太多，所以发展中国家要解决发展问题就必须把所有的政府干预都取消掉，主张私有化、市场化、自由化。

结果，发展中国家的发展结局越来越糟。所以，中国的扶贫攻坚的伟大实践和脱贫的道路，不是西方理论的简单移置，而是体现了中国特色的扶贫开发道路，是中国特色社会主义的实践创新，更是中国特色社会主义政治经济学的理论创新。

因此，只要坚持将改革开放 40 年来的中国道路作为推动中国经济学发展和丰富的源泉，立足我国国情和发展实践，揭示新特点、新规律，提炼和总结我国经济发展实践的规律性成果，把实践经验上升为系统化的经济学说，进而推动中国经济学的大发展、大繁荣。而构建中国经济学理论体系，完成中国经济的发展优势到理论优势的转换，应该是一项长期而艰巨的任务，它更可能会伴随着中国经济由崛起走向繁盛的整个历程。

三、要有自己的标识性概念与理论创新

过去的 40 年里，中国的改革取得了巨大的成就，赢得了世界的认可，积累了丰富的实践经验。然而，长期以来，我国经济学界存在着重学习和引进西方经济学，不少学者存在着对西方经济学的"迷信"和"崇拜"，因而出现轻视构建具有中国风格、中国气派的经济学的情况，从而妨碍了对中国经济发展的独立思考和理论创新能力。这种格局和状况，容易使我们丧失理论自信，甚至掉入西方经济学理论和西方话语体系的陷阱之中，由此容易导致误判未来的经济发展方向。

首先是概念范畴的创新。要善于提炼标识性概念，打造易于为国

际社会所理解和接受的新概念、新范畴、新表述。没有标识性概念和范畴，经济学就缺乏主体性和自信力，更容易落入西方话语体系的陷阱。改革开放以来，一方面伴随中国经济的飞速发展，西方观念对中国实践如影随形，不时左右着中国实践，甚至一些领域成为西方概念的"跑马场"和"试验田"。现在，中国的崛起对西方概念形成了挑战，中国的崛起和对西方的超越使得西方的概念和学说越来越难以对中国问题提供准确解释。

其次是理论的创新。回顾改革开放 40 年的中国改革实践，不少是源自自下而上的实际经济操作者的行动，然后被中国的经济学者不断总结发掘，最后以某种在西方经济学看来无法理解或似乎不严谨的词语，不断被中国高层决策者采纳，经过不断试验和"试错"，进而以更直白和朴素的语言形成权威的改革文件，最后推向全国，形成改革浪潮，取得改革的成功。比如，家庭联产承包责任制、所有制结构理论、收入分配理论、经济发展新常态、供给侧结构性改革等。正是这些在西方经济学里很难搜寻的中国语汇和中国理论，实际上成为中国经济改革不断推进的推动力量，从而不断深化和完善 40 年的改革开放中国实践，并推动形成了中国经济的奇迹。

现在总结中国实践、中国经验在理论上最大的贡献。

第一是提出了发展的新理念、新思想、新战略，也就是创新、协调、绿色、开放、共享，这是对社会主义本质认识的深化，体现的是对发展理念上的突破和贡献的中国智慧，很可能成为引领未来全球发展的新理念。

第二是以人民为中心，统筹兼顾先富后富实现共同富裕。在整个中国改革开放进程中，中国特色社会主义的改革实践一直伴随着对收入差距拉大问题的重视和不断出台对收入差距拉大问题的解决举措，只是在每一个进程和阶段，可能具体的措施、侧重点有所不同。

回顾中国对扶贫和减贫的实践，中国对收入差距拉大问题的理解和实施举措，应该说是对西方理论的超越，它破除了人们简单化认识的两极分化概念。从中国的发展实践推进来看，中国的收入差距拉大问题不是一个两极分化现象。

回顾中国的减贫历程，不难看出，政府始终发挥着主导作用。从中国的减贫经验中，可以获得如下启示：其一，强有力的政治意愿和政府承诺是实现中国减贫的根本保证。中国将促进减贫作为国家现代化战略的重要组成部分，坚持以人为本，努力使经济发展的成果为所有社会成员所分享。其二，坚持用发展解决贫困，以减贫促进发展的理念。政府始终把发展经济作为中心任务，努力保持经济持续、健康、快速发展，这为实现大规模减贫提供了基本前提。同时，立足于培养和提高贫困地区和人口自我积累、自我发展能力，坚持"开发式扶贫"，引导和帮助贫困人口直接参与减贫活动，使之成为反贫困的主体力量，稳定了减贫成果，增强了减贫的可持续性。其三，减贫需要政府提供相应的制度和政策保障。改善贫困人口和家庭的生产生活条件、增强贫困人口和家庭发展能力是减贫的关键切入点，需要综合性的发展政策和专门的减贫计划来保障。其四，减贫需要广泛动员社会力量。在政府积极推动脱贫攻坚的同时，动员社会各种力量加入扶贫济困行列。把政府的意志、社会的关爱与贫困群众意愿相结合，确保减贫项目与贫困人口的精准扶贫和精准脱贫。

第三是中国改革开放实践对市场和政府关系的认知。自改革开放以来，中国经济发展的实践不断超越西方经济学教科书中的教条，用事实不断改写西方对中国经济发展的屡屡误判，成功地走出一条具有鲜明中国特色的社会主义经济建设道路。今天来看，中国经济的奇迹和成功，应归功于经济体制改革中始终坚持政府与市场的两点论、辩证法，注重两者的有机结合，而不是简单地推行市场自由化。中国改革与发展始终不是照搬"华盛顿共识"的"正统经验"，而是寻求适合本国实际的发展路径。中国改革发展的成功，实质是对西方经济学中的政府与市场关系的颠覆和重构，更是中国特色社会主义政治经济学的创新和发展。

四、要注重融入中国传统文化

现在，中国问题已经成为考验经济学理论普遍性的一道现实难题。由此产生的对中国经济学的呼唤，不仅是对更具解释力的经济学理论的一种诉求，更是对经济学整体提升的一种渴望。

因此，中国经济学必须顺应经济学发展趋势，既能对特定的中国问题做出现实性的解释，又能推动经济学方法论的变革，进而推动经济学理论的整体进步。真正意义上的具有普遍意义的中国经济学，决不能局限于对那些发生在中国与西方国家不同的经济政策和做法进行简单归纳总结，而必须发现不同于西方经济学的理论前提。并由此出发，建构出一整套符合发展逻辑的一般理论体系，而这种前提的差异性深藏于文化的差异之中。

当代西方主流经济学是建立在基督教文化之上的经济学，而中国是儒家文化的代表。中国作为世界上曾经从辉煌到衰落，又从衰落走向复兴的唯一国家，保持了五千多年连绵不断的灿烂文化和中华血脉，其本身的实践探索和发展历程就是一部厚厚的发展教科书。

认真总结中国经验，从更深层次上挖掘，我们可以看出，中国强大的复兴能力，并不是某一个单独因素的结果，而是综合因素的自然内生。这与中国独有的文化相关，这种独特的中国现象更值得研究。这就是中国文化的包容性，这绝对是西方文化望尘莫及的。中国文化包容性的强大内生力，就在于它可以融入西方之优点，吸取全人类之精华。

因此，中国经济学作为从成功实现发展赶超、发展转型、13亿多人口大国三大元素的丰富实践经验中抽象、提炼出来的经济学理论，已具备涵盖广泛性、独特性、多样性、多元性、适用性等特点，不但具有世界意义，更具有史诗般的历史意义。

另一方面，中国经济学是以马克思主义政治经济学基本原理和中国实践为根基，广泛地吸收西方发达国家和一些发展中国家的经济学精华，并在改革和实践中丰富和发展了的经济学。

与此同时，中国经济学既要立足于中国实践、源于中国经验，又要做到放之四海而皆准，为此应把它放到更宽广的分析框架和更多国家的经验中去检验，并用科学的方法提炼、概括和抽象，得出一般性的结论，从而形成特定的理论范式，创建出更多符合并有利于发展中国家发展的经济学理论。所以，中国经济学的构建应该有一个从一般理论到中国问题，再从中国问题升华为一般理论的过程。

　　毋庸置疑，在这样一个伟大的巨变时代，不但是中国的实践发展，而且是世界经济的发展，都会展示出对中国特色、中国风格、中国气派经济学的强烈需求。因此，中国的经济学者一定要重视这一历史机遇和需求。新中国成立 60 多年来，特别是 40 年来的改革开放实践探索，已经积累了丰富的中国特色社会主义经济理论成果，这是构建中国经济学的坚实理论基础的前提。我们坚信，在未来的 30—50 年，只要中国的经济学者能够以国际视野站在学术前沿，对构建中国经济学付出务实努力，中国经济学就有可能在中国实现第二个"一百年"之时成为世界主流经济学。

中国应该有自己的主流经济学

  中国改革开放创造了人类经济发展史上的"中国奇迹"，年均增长率有 30 多年超过 9%。据经济学家们普遍预测，这种高增长还将持续 30 年。更进一步的是，在不久的将来，中国经济总量很快会超过美国，成为世界上最大的经济体，从而终结一百多年来美国称霸全球的历史。如何破解"中国之谜"？西方经济学家比较普遍的回答是中国推行了市场化取向的改革。这对于解释中国现象显然有些简单。这个答案遵循的仍是典型西方主流经济学的传统逻辑，因为推行更为激进的市场化改革的东欧国家为什么没成功？相反，人们也注意到，大量未遵从西方经济学教义的做法和制度安排，在中国却获得了成功。毫无疑问，中国奇迹是西方经济理论无法解释的，或者说中国的经济奇迹形成了对西方主流经济学理论的巨大挑战。

  事实上，现在是中国经济学发声的时候了。西方金融危机、欧债危机与中国奇迹的双重叠加，其本身就暴露了西方经济学理论的危机，说明传统的西方主流经济学理论对现实失去了深刻的解释力。同时，当越来越多的世界目光聚焦中国时，如何让世界客观认识中国的任务也同步提上了议事日程。这是一个迫切需要中国经济学思索的问题：中国的经济社会实践中是否潜藏着有别于西方数百年来奉为圭臬的经济学逻辑？我们能否把自己的实践经验加以总结、提炼和升华，化为中国话语、中国思想，贡献给世界？鉴于中国发生的事情具有国际意义，中国的经济学界能否对经济学的国际化发展作出自己的贡献？在此背景下，提出建设有中国逻辑、中国流派、中国风格的经济学，绝对不是刻意别出心裁，而是经济学理论发展和创新的需要，是时代赋予中国经济学家乃至全球经济学界的使命。对此，我们应有理论的自信，也更需要理论的自强。

西方经济学发端于英国，那是因为"日不落帝国"提供了肥沃的土壤。19 世纪末，美国开始全面取代英国的全球领导地位，主流经济学也从英国转到美国。从传承和变迁的角度观察经济学的发展史，我们可以明确地得出结论：主流经济学历来是大国经济学。中国很有可能成为未来世界经济最重要的中心。因此，仅仅从这点看，未来主流经济学的主战场一定在中国，21 世纪将会是中国经济学家的世纪，因为经济学研究的学术中心是随着现实中世界经济中心的转移而转移的，所以经济学的学术中心将转移到中国。中国经济学者应该承担其使命和有所建树。

严格地说，真正意义上的中国经济学，决不能局限于对那些发生在中国的与西方国家不同的经济政策和做法进行简单的归纳和总结，而必须发现不同于西方经济学的理论前提，这种前提性的差异深藏于文化的差异之中。在中国这个具有五千年历史的文明古国里，其文化传统与西方必定不同。应当看到，正是因为有这种文化差异，中国的经济学才可能真正得以建立。当今，统治世界的现代经济学是在西方文化的基础上发展起来的。西方文化的锐意进取精神给我们以深刻的启迪：文化是中国经济学的根和土壤，中国经济学研究更应把东方文化的精髓，作为哲理性的范畴引入研究框架和范式，这样才有助于推动中国经济学跨上一个新的、更有活力、更能引领发展的高度，并进入一个新的境界。

一、中国风格、中国气派的经济学

首先，中国经济学要有规范的经济学分析概念和方法。经济学理论是对经济现实的一种逻辑化解释，是对真实世界的诠释。因此，真实世界的变化必然推动理论的变化。进而，当一种理论难以解释现实时，就迫切需要发展创新理论，而不是简单地等待现实变化迁就现有理论。经济学理论的发展过程，在某种意义上就是对现实中出现的新问题、新现象提出阐释和论证的过程。中国经济学要走向世界，尽管可能需要建立一套与西方经济学完全不同的理论体系，但是作为理论创新的第一步，则应是从规范的经济学分析概念和方法入手，否则会陷入概念之争和套套逻辑。

其次，中国经济学研究国际化不能走两个极端。对于中国经济学研究来说，目前与欧美尚有较大差距，这种差距既是不同经济发展阶段的必然结果，同时在很大程度上也是中国传统教育体制与西方差别较大造成的。当今的经济学研究不可能是孤立的闭门造车，中国经济学研究要想尽快提升整体水平，必须走国际化道路。但是，这种国际化不能走两个极端：

一个极端是妄自菲薄。现在中国经济学研究有三种不正常现象：唯"美"是从；外国月亮比中国圆；模型总是比思想和理论重要。多少年来，中国经济学在理论上不自信，不能真正立起来，尤其是，作为一个世界第二大经济体的国家，没有与之相匹配的中国特色的理论经济学的强有力话语体系，确实令人感到遗憾。应当看到，西方人对我们的不理解，在相当程度上是与中国经济学理论缺乏自信、自立、自强有关。另一个极端则是盲目排外。一提打造中国经济学，似乎就要彻底抛弃西方主流经济学理论，似乎是绝对的另起炉灶。这显然也不正确。必须承认，我们要建立的是社会主义市场经济体制，它终究还是市场经济。因此，要认真学习和研究经济规律，真诚地向市场经济学习，遵循市场决定来配置经济资源和组织各项活动，是中国经济发展改革的题中应有之义。因此，在一定意义上，学习、钻研当代西方主流经济学，对照中国经济的实践而融会贯通、取舍吸收，正是中国经济学发展的必由之路。

最后，更根本的，我们应深入实践，准确把握中国的国情和经济的现实。中国经济的实绩常常与理论预测相去甚远，一个重要原因是，我们对中国经济的真实面目其实并没完全弄清楚，对中国经济发展的内在机理仍没有把脉清楚。更重要的是，经过 40 年的改革发展，中国经济进入新阶段，出现了很多新情况，如经济转型问题、中等收入陷阱问题、经济高速发展与环境保护问题、实体经济发展与结构转型问题等，都急盼有切实的研究。要真正解决这些问题，首先需要经济学家扎扎实实地深入实际调研和切实地对经济现象进行理论提炼。

总的来说，我们要建构的中国风格、中国气派的经济学，不是简单的西方经济学中文版，也不是"中学为体"的简单糅合，而是一套真正有别于西方经济学的话语体系和概念体系。这是对中国经济现象认真思索的结果，更是很多中国经济学者发自内心的期盼。

二、西方概念并不适用中国实践

近来，中国提出"供给侧改革"，并在不同场合被中央高层多次提及。这一新的表述引起了经济学界的广泛关注。事实上，提出"供给侧结构性改革"的概念，主要针对的是解决当前的结构性产能过剩问题，实现"调结构、促增长"。

但是，一些人错误地将"供给侧改革"理解成采用美国"供给学派"的政策主张，将我国的供给侧改革与美国供给学派混为一谈，从而对公众造成误导。从经济学说史的角度来考察，通过供给端研究经济问题并非新鲜事物，从"供给创造需求"的"萨伊定律"到 20 世纪 70 年代的美国供给学派，都强调供给的重要性。但这类片面强调供给端作用的经济学流派，无论在理论上还是实践中都饱受批评：马克思认为萨伊是法国庸俗经济学家的创始人；曼昆称美国供给学派为"倒霉的"、"愚蠢的"经济学。

一些人不去正视这些事实，仍在鼓吹"供给学派"理论，重提实施该学派的政策主张，这不仅误导舆论和政府政策方向，而且还有可能会对中国经济发展造成严重的消极影响。事实上，我国的"供给侧改革"与"供给学派"有着本质的区别。我们过去的政策理论不是凯恩斯主义经济学，现在也不是供给学派理论。因此，不能简单地用西方的经济学理论去评判当前的中国问题或者理解当前的中国宏观政策。

中国的经济学是舶来品。长期以来，中国所具有的只是从西方进口的经济学，这种背景和历史溯源，导致一直以来对西方的经济学概念和理论的先天性"迷信"和"崇拜"，从而妨碍对中国经济发展的独立思考和理论创新能力。在过去的 40 年里，中国的改革取得了巨大的成就，赢得了世界的认可，积累了丰富的实践经验。但是，时至今日，中国经济学仍没有提出完整的理论框架去解释中国经验，更没有能力提炼中国经验，进而一直沿用西方的概念解释中国的问题。任何理论都有其适用性。而且，西方学者所拥有的经历、背景决定了任何西方学者不可能准确解释中国问题，也更不能解决中国问题。因此，一味地用西方的范式解释中国问题，用西方的概念去裁剪中国现实，用西方的理论去指导中国实践，结果不但不能解决中国问题，反而形成误判，导致问题的恶化。因为，西方的概念和理论是建立在西方的经验之上，很难有效应用到中国实践，而"东施效颦"、"鹦鹉学舌"只能产生"橘生淮北则为枳"的效果。

三、中国经济发展迫切需要经济学的理论准备

现在，一些中国的经济学者仿佛已经对西方的经济学理论形成

"路径依赖"，每当中国经济发展取得成功，往往简单化地归结为是学习和运用西方经济理论的成果；而当每一次经济出现问题时，要么责怪没有很好遵从西方的理论或者西方理论没有得到很好运用；要么不自觉地从西方经济学教科书中寻找答案和理论依据。这种理论的"奴化"和不正常现象，不仅反映了中国经济学概念的缺乏，也暴露了中国经济学理论缺乏自主性和自信力。当前，中国经济发展迫切需要经济学的理论准备和主体意识，更需要自己的学术话语体系。没有主体性，经济学不能解释中国问题，更不能解决中国问题。没有独立的概念体系，就可能出现对概念的泛化甚至庸俗化，经济学往往沦为政策注释学或者诠释学，从而缺乏前瞻性和系统性研判，对经济问题要么病急乱投医；要么是头痛医头，脚痛医脚，很难达到预期效果。

面对西方的经济学概念和理论运用的泛滥现状，这种格局必须尽快彻底改变。否则，中国经济学很难得到外界认可，也更难走向世界。回顾中国40年来的诸多改革，不少是源自自下而上的实际经济操作者的行动，然后被中国的经济学者总结发掘，最后以某种在西方经济学看来无法理解或似乎不严谨科学的词语，不断被中国最高层决策者采纳，在经不断试验和"试错"，进而以更直白和朴素的语言形成权威的改革文件后向全国推进，形成改革浪潮，取得改革的成功。比如，家庭联产承包制、所有制结构理论、收入分配理论等。正是这些在西方经济学里很难搜寻的中国语汇和中国概念，实际上成为中国经济改革的导火线，从而启动了中国40年的经济改革，推动形成了中国经济的奇迹。

因此，对于中国的经济学理论，我们不能"妄自菲薄"，言必称希腊，只知道在西方理论的"笼子"里跳舞。当然，从科学性和成熟度来看，当时的中国经济学概念和理论或许在西方经济学者看来或许是难以理解和认同。但是，经济学是致用之学。中国经济 40 年的飞速发展、中国社会 40 年的巨大变迁，足以证明中国的经济学概念和理论的适用性和成功。

多年以来，西方一直是现代经济学大多数词汇的创造者，但是中国的崛起对西方概念形成了挑战，西方的概念和学说越来越难以对中国问题提供准确解释，更难以给出中国答案。如果按照西方的概念和逻辑，就不可能有中国的"一带一路"倡议，更不可能有亚投行的设立和推进。所以，中国的发展有着西方经济学研究者没有的丰富素材，是一座经济学理论的富矿。中国的学者要善于从中国丰富的实践中汲取和升华理论元素。

今天，中国的经济发展已经成为世界关注的重要问题。对于中国这样一个发展中的转型大国，必须尽快形成自己的发展理论和话语体系。对此，中国的经济学学者们有义务和责任秉承对西方概念的解构和改造而不是坚守和盲从，进而对其他发展中国家的发展提供更多富有参考和借鉴价值，同时对世界经济的发展贡献中国智慧和中国价值。

中国人应该重读《资本论》

1867 年 9 月 14 日，经过马克思反复修改定稿的《资本论》第一卷在德国汉堡出版。这是人类社会思想史和国际共产主义运动史上划时代的重大事件。《资本论》这部巨著第一次深刻地分析了资本主义的全部发展过程，并全景式揭示出资本带来的财富分配不平等与社会问题。正如马克思在 1857 年致恩格斯的信中说："我现在发狂似地通宵总结我的经济学研究。为的是在洪水之前至少把一些基本问题搞清楚。""这项工作非常必要，它可以使公众认清事物的实质。"

一、皮凯蒂《21 世纪资本论》的启示

2015 年 3 月，法国经济学家皮凯蒂出版了《21 世纪资本论》英文版，随即引起轰动。作者以多年的数据和实证研究，对 21 世纪不平等的全球演化的原因，做了细致的分析，包括英法的公债，欧洲的财产

税，中国的资本扩张，美国的移民改革，多国贸易保护，债务问题，社会资本积累，和自然资本恶化，等等。各国数据明确显示：市场经济发展的结果是增加而非减少贫富差距。恰到好处地印证了全球性的收入分配和经济不平等的严重性，这是当下的重大问题，更是影响将来的关键挑战。诺贝尔奖获得者、经济学家克鲁格曼评论称该书引发的是"皮凯蒂恐慌"；《商业周刊》惊呼"经济学的风暴要来了"！皮凯蒂的书揭露了三百年来资本主义贫富差距扩大的总趋势，犹如《共产党宣言》的开头"一个幽灵在欧洲徘徊"。不过，这次的幽灵，不是共产主义，而是反思资本主义。

皮凯蒂最主要的观点在于揭示了一个经济发展中的重要教训，不要为了经济增长而制造极端的不平等。19 世纪大多数欧洲国家出现了这种情况。换言之，他的告诫就是，不要为了 21 世纪经济增长而重现 19 世纪的不平等。

世界著名马克思主义学者戴维·哈维对皮凯蒂的"资本"概念提出了批评。哈维指出，皮凯蒂把"资本"理解为一种物，而没有理解为一种运动或过程。与此相对应，皮凯蒂的研究限定在分配领域，而马克思的《资本论》研究的是资本主义的生产、分配、交换和消费。在马克思看来，分配是从属于生产的，只有搞清楚生产关系的内部结构，才会对分配问题提出深刻见解。

需要指出的是，在一定意义上，皮凯蒂是以资本和劳动关系为视角研究分配问题，这对西方主流经济学而言是一种巨大进步。可以说，皮凯蒂著作的问世是西方主流经济学内部进行反思的开始，它标志着西方发达资本主义国家经济实践的某种衰落。对照古典政治经济学著作和《21 世纪资本论》，一是资本主义上升期的产物，一是资本主义衰落期的产物，它们都试图在维护资本主义生产方式的范围内进行某种反思。

萨缪尔森曾说过，我们今天看到的政治经济学"只是卡尔·马克思著作冰山的一角"。中国改革开放以后，曾经有很多的人瞧不起《资本论》这部经典著作的意义，认为《资本论》所作的分析是过时甚至是完全错误的；还有人认为《资本论》有极端化色彩，认为这部经典著作只是革命的宣言书，而不是真正意义上的经济学学术著作。

二、马克思《资本论》并不过时

皮凯蒂著作的爆红，正说明马克思《资本论》并不过时，资本问题仍然是今天时代需要关注的重大问题。中国经济在改革开放以来，经历了 40 年的高速增长，开始进入转型阶段，潜在经济增长速度正在平稳放缓，如何合理调整收入分配和财富分配、为经济转型提供良好的经济社会支持，是经济理论界越来越关注的课题。尽管中国有着与欧美不一样的发展阶段、发展环境，但是在继续强调提高经济发展效率的同时，如何公平地分配经济发展的成果，同样是值得思考的重要课题。

但是，在中国，今天谈论《资本论》的人比看过《资本论》的人要多得多。在中国的各大高校，也很少有开设关于《资本论》的课程或是深入讲解的讲座，甚至是经济学科班的硕士、博士课程也不再安排讲授《资本论》，以致更多的对《资本论》的理解不是流于某种教条式的概念化，就是陷入某种空泛的极端化。对照皮凯蒂的《21世纪资本论》与马克思的《资本论》好好研读，纯粹的意识形态误区就可以避免，回归的必然是理性看待资本问题，更进一步的是，恐怕就不会对资本主义世界那么一往情深吧。

另一方面，需要强调的是，皮凯蒂的著作冠之"资本论"，尽管从书名上来看有些相似，书中也引用了马克思著作的一些内容，但是这本著作和马克思没有任何关系，甚至在结论上与马克思相反，因为皮凯蒂喊出的口号是"我们需要私有财产和市场制度"。因此，皮凯蒂的《21世纪资本论》并非21世纪版本的马克思《资本论》。从这个意义上来说，我们今天提出重视和重新研究《资本论》，并不是倡导简单化的引经据典，而是重视文本而不要拘泥于文本，更要对当前中国经济中的重大问题比如政府与市场关系、所有制结构、财富分配、国企等问题作出系统化、理论化和本质化的解读和诠释。

三、今天仍然需要向马克思请教

2014年初，一首90后创作的说唱歌曲《马克思是个九零后》在朋友圈热传。正如那位90后所吟唱的那样：世界可能已经准备好，马克思已经不是"备用方案"。

任何事件都不是偶然的，也不是孤立的。近年来，不光是中国的90后，环顾世界，许多国家都在以自己的方式重新寻找和发现马克思。在韩国、日本、德国、英国、美国，马克思的《资本论》在西方发达国家又骤然热销，《青年读马克思》、"马克思夜校"、"读《资本论》小组"已经成为一种时尚和风潮，就连美国前任总统奥巴马也被人扣上"马克思主义总统"的帽子。

事实上，当我们审视和反思这个时代时，已经深切感受到马克思的智慧和现实力量，显示出更需要马克思的思考和穿透力。所以，美国学者海尔布隆纳在他的著作《马克思主义：赞成与反对》中表示，要探索人类社会发展前景，必须向马克思求教。

所有这些，都源于马克思《资本论》这部伟大著作所产生的影响。1867 年 9 月 14 日，凝聚着马克思全部心血的伟大著作《资本论》第一卷正式出版问世，这是世界上"石破天惊"的大事。马克思说，"我把这部著作的第一卷交给读者"。至此，资本主义生产方式，尽管"用隐身帽紧紧遮住眼睛和耳朵，以便有可能否认妖怪的存在"，但是却在马克思的显微镜下得到完整的解剖。从此"它敲响了科学的资产阶级经济学的丧钟"。

任何伟大的著作都是时代的产物。如果没有 1857 年至 1858 年的世界经济危机，也就不可能催生《资本论》的写作。马克思准确地预言了这场危机，所以才"发狂似地总结我的经济学研究，为的是在洪水到来之前把一些基本问题搞清楚"。同时，任何伟大著作都是有典型的场景和典型的材料。马克思《资本论》的典型地点是英国，因此在理论阐述上主要用英国作为例证。现在，2008 年由美国引发的席卷世界的国际金融危机至今仍无根治的良策，正是这样的背景才引发了西方寻找马克思的热潮，从而也再次印证了马克思在《资本论》中的经典阐述，也佐证了马克思主义理论的当代价值。

四、书写中国的 21 世纪《资本论》

今天世界经济发展的时代背景和格局，以及中国道路的典型特征与事例，正好适合书写中国的 21 世纪资本论。40 年来中国改革开放的伟大实践波澜壮阔，当代中国正经历着我国历史上最为广泛而深刻的社会变革，也正在进行着人类历史上最为宏大而独特的实践创新。40 年来中国改革开放举世瞩目的发展成就，不但改变了中国，也改变了世界，凝聚着丰富的引领世界发展的中国经验，这些发展中的中国理念、中国智慧、中国方案，正在成为引领世界经济复苏的明灯，并开辟着世界经济发展的新境界。

中国经济好，世界经济才会更好——弥漫着"发展焦虑"的世界，正越来越清晰地认识到这个结论，也把更多的期待寄望于中国。因此，对中国发展经验中的拥有大量的中国典型元素和丰富的中国历史材料进行提炼，将其上升为系统化的学说，其本身就是富有史诗般的历史意义和世界意义。因此，这是一个需要理论，而且一定会产生理论的时代。

在这样一个气象万千、生机勃勃的中国伟大实践面前，曾几何时，由于对《资本论》的认识存在偏差，对其思想挖掘不够，以至于一段时间以来，马克思主义政治经济学理论显得或趑趄不前，或失语、失声，理论阵地不断被西方主流经济学侵蚀，地位不断边缘化。也正因为如此，习近平强调，有人说，马克思主义政治经济学过时了，《资本论》过时了。这个说法是武断的。

五、《资本论》研究应该有新境界

新中国成立以来，中国作为世界上《资本论》普及流传最为广泛的国家，几代人深受《资本论》的深远影响，并从《资本论》中不断汲取智慧和思想。但是，当下的中国学者对《资本论》的研究离时代的关注和期待还有较大的距离，更不用说写出让世界瞩目的当代中国《资本论》。

当前中国《资本论》研究存在的突出问题是，文本研究功力不足，研究人员青黄不接，高水平成果不多，研究碎片化，缺乏综合研究和理论体系建设。

首先是在《资本论》研究和考据的文本上，功课做得不够，不能充分掌握历史材料。浅尝辄止，蜻蜓点水，满足于一知半解，空话、套话多，本本主义、教条主义，对问题研究缺乏长期积累，难以做到毕其功于一役。马克思当年写作《资本论》充满着艰辛的历程，耗时40年。整部《资本论》有2/3的篇幅在引用各种调查报告，而且基本都是第一手资料。正是这种历程和丰富的材料，才注定《资本论》成为一座经济学的思想宝库。

其次是聚集中国问题不够，缺乏对重大理论和现实问题的深度关注。大量的研究聚焦于局部性、对策性问题，而对根本性、全局性问题的关注较少，大视野下融会贯通的研究更为稀缺，理论研究呈现顾此失彼的局面。多年来，中国的经济学界缺乏问题意识和问题导向，对重大问题缺乏敏感度，丧失了对社会普遍关注的重大现实问题的研究兴趣，又受西方主流理论影响，将大量精力用于验证西方概念的学术游戏中，使中国成为西方理论运用的"跑马场"。研究的问题既非来自现实，又非理论原创，那些真正值得关注的重大社会经济问题，如资本问题、收入分配问题、发展模式问题、民生福利问题等，反倒缺少深入的研究。

第三，国际视野不够开阔，缺少大跨度的宏观理论审视。马克思写作《资本论》，从经济的细胞——商品入手，运用高度的抽象力分析资本主义生产方式。同时运用英国的典型材料，纵横驰骋，剖析世界资本主义的格局和趋势，从而得出的结论才视角广阔又有穿透力。同样，皮凯蒂的《21世纪资本论》既关注当今重大问题，视野也并非限于法国，而是扩展到美国、英国、日本和整个欧洲，中国和印度也成为关注和研究的对象。而恰恰在这方面，中国学者的大多数理论研究往往就中国谈中国，没有把中国问题放在国际视野下研究，更没有让世界问题成为中国研究的材料。今天世界发展的中国方案和中国智慧让世界关注，但是其发展的中国理论还存在"时滞性"。

现在，中国经济发展的耀眼性让世界经济于暗色中看到光亮。同样，中国对《资本论》研究应该有新境界，从而不但让中国具备真正的理论自信，而且借助中国智慧走向理论引领，毕竟中国是世界上学习和研究《资本论》最为广泛的国家。

供给侧结构性改革是对西方经济学的超越

自从 2015 年底中央经济工作会议提出"推进供给侧结构性改革"以来，社会上出现了对"供给侧"的各种解读。但是在解读"供给侧结构性改革"中，一些学者照搬美国"供给学派"的理论体系来解释中国的"供给侧结构性改革"。这不能不说是一种强加的生搬硬套，易于造成误读和误解。因此，正确认识供给侧结构性改革，对于深入贯彻和推进落实这一改革举措具有极为重要的意义。

一、西方供给学派不是供给侧结构性改革的理论基础

现在多数学者把萨伊看成是供给经济学的鼻祖。事实上，在凯恩斯经济学出笼前，整个西方经济学理论都强调供给，认为供给比需求重要。在早期的古典经济学中，提倡鼓励生产，强调经济活动的目的是生产。斯密和其他古典经济学家认为，一国财富主要决定于实际产

量水平，在于供给方面。比如，斯密认为，一国财富的直接决定因素是劳动生产力和生产性劳动的比率，而专业化与分工提高劳动生产力是一个可以观察到的事实。因此，整个古典经济学都可以称为供给经济学。只是萨伊把供给经济学发挥到极致，认为供给会自动创造需求。应该说，萨伊与斯密一脉相承，而且把斯密的经济思想"发扬光大"，重新阐述了斯密的学说，进一步把斯密学说系统化，同时也庸俗化。斯密提出市场无形之手的命题，而萨伊则更进一步论证了市场自动调节生产，社会生产使总需求等于总供给，经济永远不会出现生产过剩的危机。只是 20 世纪 20 年代末席卷世界的经济危机打破了萨伊神话，从而促使人们重新思考经济学理论如何更好应付经济危机。其实，对萨伊经济学，马克思早就进行了彻底的批判，称之为庸俗经济学。

面对萨伊经济学带来的经济危机，凯恩斯指出，主要是由于缺乏政府宏观调控的市场总是会出现"失灵"，从而导致生产与需求的脱节，而生产过剩的根源在于有效需求不足。对此，凯恩斯倡导政府干预和需求管理思想。因此，第二次世界大战后，面对持续的席卷世界的经济危机，以美国为代表的西方国家普遍实行凯恩斯主义经济政策，从而达到刺激经济增长以拯救经济危机。但是，凯恩斯主义政策对经济增长的刺激只是"昙花一现"，并没有带来实质性效果，反而形成经济的"滞胀"局面。事实上，凯恩斯主义在本质上是一种内生性的市场与需求扩张的理论，罗斯福新政的实质也只是在现有体制下的局部调整，而只要整体是资本主义经济制度在起决定性作用，就改变不了经济增长过程中的内在矛盾。因此，凯恩斯主义在一定程度上缓解了这种趋势和矛盾，但并没有从根本上解决矛盾，只是延长了危机爆发的周期跨度与时间。对此，凯恩斯本人也承认其政策只能短期有效，而从长期来看是无效的。

20世纪80年代，为了摆脱因实施凯恩斯主义政策带来的经济"滞胀"困境，美国里根政府再次将萨伊定律奉为圭臬，推行一系列以供给学派为理论基础的政策措施，诸如对国有企业实施私有化、解除政府对市场的调控和监管、大幅度减税等政策，企图带领美国走出"滞胀"困局。供给学派坚持"购买力永远等于生产力"，"供给会自动创造需求"，强调经济危机的出现并不是由于有效需求不足，而恰恰是政府这只"看得见的手"的乱作为，从而主张市场自由放任的回归。经过几年的实践，供给学派的政策实际效果并不令人满意，相反还带来了更大的副作用，它使美国联邦财政连年出现巨额赤字，美国从此由世界上最大的债权国"沦落"为世界上最大的债务国。"供给学派"也随之名誉扫地。曼昆等经济学家甚至把美国供给学派称为"倒霉的"、"愚蠢的"经济学，而克鲁格曼则称之为"巫术经济学"。

今天我们的一些学者不去正视这些事实，却仍在鼓吹"供给学派"理论，重提实施该学派的政策主张，把我国实施的供给侧结构性改革简单化地等同于供给学派理论，这不仅误导舆论和政府政策方向，更有可能会对中国经济发展造成严重的消极影响。

二、我国供给侧结构性改革是对西方经济学的超越

自改革开放以来，中国经济发展的实践不断超越西方经济学教科

书中的教条，用事实不断改写西方对中国经济发展的屡屡误判，成功地走出一条具有鲜明中国特色的社会主义经济发展道路。中国经济增长的奇迹让中国模式和中国道路引起世界关注。回溯整个历程，中国从计划经济向市场经济的转型，并没有遵循西方模式，更不是西方化，而是抵制着华盛顿的"正统"经验，寻求适合本土的发展路径。很多情况下，可以说，正是中国发展的路径成功摆脱了西方经济学理论的教条，才推动中国经济的异军突起。中国经济发展的成功表明，中国道路注定要在全球尤其是发展中国家发挥强大的影响，由此也会改变未来经济发展理念。可以想象，相比较在西方金融危机中崩溃的盎格鲁-撒克逊模式，中国模式在更多的国家，特别是发展中国家更有市场，也更具吸引力。

透视中国经济成功的秘诀，中国与西方最大的不同就在于国家的角色与作用，中国政府在整个改革开放的进程和经济发展中发挥着关键性作用。中国经济改革并不是简单的实行市场化，实质上是对西方经济学教科书中的政府与市场关系的重构。300多年来，西方经济学总是囿于市场与政府的替代争论，从而始终无法消除经济发展中面临市场失灵或政府失灵的问题。而中国从改革开放伊始就清醒地意识到，处理好市场与政府的关系是经济改革的核心，经过不断调整，现在定位为市场在资源配置中起决定性作用和更好发挥政府作用的有机结合。

正是这样的体制框架支撑了40年中国经济的奇迹和成功。所以，不是中国经济改革复制了西方经济理论，恰恰相反是中国经济发展丰富了经济理论的内容，贡献了经济理论的中国智慧和中国价值，中国向世界呈现的外在形象是经济成就，其本质是在治理体系和治理能力上对西方的超越。从另一个方面看，只要任何时候中国经济发展背离了中国国情而拥抱西方理论，滥用西方理论，中国经济必然出现大的波折和问题。

因此，中国供给侧结构性改革的理论意义在于超越而不是复制西方经济学理论，是中国版的马克思主义政治经济学理论的重大发展，它立足于我国改革发展的成功实践，是在认识、适应和引领经济发展新常态这个宏观背景下提出的新战略。从本质上讲，我国供给侧结构性改革是经济发展中结构调整和产业升级的内在诉求，是中央"稳增长、调结构、促改革"总体部署的组成部分，其基本思路体现了对供给与需求关系的辩证把握，强调"看得见的手"与"看不见的手"作用的有机结合。

中国供给侧结构性改革与萨伊定律无论是理论还是着力点都有根本性的不同。萨伊定律在本质上是排斥政府作用的，强调自主释放的供给能够自然产生均衡是其理论特点。而中国的供给侧结构性改革恰恰是反对萨伊定律的。中国供给侧结构性改革，强调政府要更好地发挥宏观调控职能，并通过推动供给侧的改革深化，通过推动中国经济的深层次结构重构和调整，来解决中国经济的深层次问题，实现经济增长的动能转换；在创新驱动和产业升级的基础上，实现供给质量不断优化，经济持续稳定增长。

因此，中国供给侧结构性改革本质是一场革命，要用改革的办法推进结构调整，为提高供给质量、激发内生动力营造外部环境。所以，中国供给侧结构性改革从出发点到举措彰显的都是中国模式和中国道路。

三、辩证看待供给侧结构性改革

对于我国的供给侧结构性改革，一定要警惕假借"改革"的名义，实则贩卖"新自由主义"的政策主张，不但要在理论上正本清源，澄清认识误区，而且要在实践中准确把握中央精神，从而使供给侧结构性改革达到预期效果。

既要调整供给又要关注需求。供给和需求是市场经济内在关系的两个基本方面，是既对立又统一的辩证关系。没有需求，供给就无从实现，新的需求可以催生新的供给；没有供给，需求就无法满足，新的供给可以创造新的需求。放弃需求侧谈供给侧或放弃供给侧谈需求侧都是片面的，两者不是非此即彼、一去一存的替代关系，而是要相互配合、协调推进。当前，我国不是需求不足，或没有需求，而是需求变了，供给的产品却没有变，质量、服务跟不上。有效供给能力不足带来大量"需求外溢"，消费能力严重外流。解决这些结构性问题，就必须推进供给侧改革，提高有效供给能力，创造新供给，提高供给质量，扩大消费需求，增强经济内生动力和活力，为中长期经济持续稳定健康发展创造条件。因此，供给侧结构性改革不应被单方面过度解读，而是要处理好供给侧结构性改革和需求管理之间的关系，将两者有机结合，这样才能有助于提高宏观经济管理水平，有助于防止经济比例关系失调，有助于克服总供给与总需求的失衡，实现国民经济健康协调稳定运行。

对"过剩产能"要有正确认识。有观点认为，产能过剩是市场决定资源配置的作用发挥不够、国家干预过多的结果，甚至认为，国企是产能过剩的根源。事实上，我国经济发展中的钢铁、建材、汽车的产能过剩，与经济下行的速度与市场景气的收缩过快有关，也和房地产市场的畸形发展和公共服务的分布不合理有关。和西方发达国家相比，中国人均钢铁的使用量和家庭汽车保有量并不高，还有巨大的发展空间，所以中国只有相对收入水平的产能过剩，不存在绝对的产能过剩。从根本上看，当前中国经济发展中的产能过剩不是政府干预过多而是市场失序的结果。因此，解决产能过剩问题，需要突破西方经济学教科书的迷信，借鉴和超越西方发达国家的规范市场，既不能回归计划经济老路，也不能完全放给市场，而应在充分发挥市场配置资源决定性作用的同时，更好发挥政府的作用，从而探索出一条符合中国国情的社会主义市场经济的协作新路。

不应把"亏损企业"当作"僵尸企业"简单化处理。"僵尸企业"，是指已停产、半停产、连年亏损、资不抵债，主要靠政府补贴和银行续贷维持经营的企业。这类企业挤占了社会宝贵的实物资源、信贷资源和市场空间，影响经济发展质量和效益的整体提升，因此，要斩钉截铁地处置，该"断奶"的就"断奶"，该断贷的就断贷，通过采取兼并重组、债务重组或破产清算等措施，优化资源配置。但是，一定要防止把一些"亏损企业"简单地当作"僵尸企业"来对待。决定企业前途的不是债务，而是产品的竞争力，是人才和技术。对于实体经济中的亏损企业，必须搞清究竟是技术上已经落后必须淘汰，还是市场波动引起的资金链断裂？事实上，一部分"亏损企业"随着经济形势的好转、企业转型成功能够重新焕发活力。如果不加认真分析，简单化处理，就会出现去工业化的后果，从而影响经济的长期稳定发展。

此外，不能把"僵尸企业"等同于国企，达到"去国有化"实现私有化的目的。国有企业规模大、员工多，而且往往是国民经济的支柱产业，历史上对经济成长的贡献较大，应妥善处理，不能以处理"僵尸"为名卖国企，否则国企成"被僵尸"的借口，从而为私有化大开方便之门。应该说，大多数国有企业是有效率的，也是有竞争力的，只是经济下行外部环境造成一时困难，而并不是真正技术落后和产品没有市场。随着技术成熟、产品完善和市场启动，一些亏损的国企仍有重新焕发活力的可能。用"甩包袱"办法去处理暂时亏损的国有企业显然不是供给侧结构性改革的思路。

调整经济结构不能只靠市场。现在有一种观点认为，当前经济发展中的问题主要是市场化改革不到位，因此供给侧结构性改革就是推进完全市场化的体制改革。供给侧结构性改革重点是调结构，是存量改革，强调实现"稳增长、调结构、促改革"三位一体。因此，推进供给侧结构性改革，既要充分发挥市场的作用，也要注重和加强政府的宏观调控作用。完全的市场化不但不能彻底解决结构问题，反而会使结构问题更突出。政府要通过投资引领和国企导向作用，实现经济增长动力转换，并带动和引领整个国民经济转型升级和稳步发展。为此，在结构调整中，一是国家可以通过设立战略基金，建立职业技能培训体系，加强人才储备；二是国家可以通过实施基础理论创新推动企业的技术创新，弥补经济增长动力转换的创新短板。

推进供给侧结构性改革需要落实共享发展理念。经过40年的改革开放，中国经济发展成就巨大。但是，随着经济发展，分配公平问题日益凸显。当前经济发展中的产能过剩，其中一部分就是与社会有效需求不足有关。加强供给侧管理，要以中国特色社会主义政治经济学为指导，坚持以人民为中心，不断提供更多高质量产品满足人民群众的需要，增进人民福祉，逐步实现共同富裕。落实发展共享，是改革的出发点和落脚点，也是推进供给侧结构性改革的重要内容。

因此，在处理过剩产能的过程中，可以考虑将过剩产能转化为保障低收入群体正常需要的民生资产。市场经济本身必然产生收入分配两极分化。收入再分配仅靠税收与福利支出是难以持续的，而通过国家行为打造某种民生资产，可以使该类资产产生的收入定向用于增加低收入群体的收入与消费，从而提高低收入阶层的福利水平。同时，也可以用国债方式收购剩余产品来实现再一次全民福利，或实行重点向中西部地区倾斜的分配方式，提升国民整体生活水平。

四、对中国经济学现状的理论反思

在过去的 40 年里，中国的改革取得了巨大的成就，赢得了世界的认可，积累了丰富的实践经验。然而，时至今日，我们不得不承认，基于我国经济改革发展实践所形成的各种经济理论和学说还显得非常零碎，并没有形成一套系统的、完整的、具有严密逻辑的中国的政治经济学说，更没有提出完整的理论框架去解释中国的经验，进而一直沿用西方的概念解释中国的问题。而长期以来，我国经济学界也存在着重西方经济学，轻马克思主义政治经济学的倾向，从而导致不少学者对西方经济学的"迷信"和"崇拜"，妨碍了对中国经济发展的独立思考和理论创新能力。

特别地，一些中国的经济学者仿佛已经对西方的经济理论形成"路径依赖"，每当中国经济发展取得成功，往往简单化地归结为是学习和运用西方经济理论的成果；而当每一次经济出现问题时，要么责怪没有很好地遵从西方的理论或者西方理论没有得到很好的运用；要么不自觉地从西方经济学教科书中寻找答案和理论依据。这种格局和状况，容易使我们丧失理论自信，甚至掉入西方经济学理论和西方话语体系的陷阱之中，从而误判未来的经济发展方向。

回顾中国 40 年的诸多改革，不少是源自自下而上的实际经济操作者的行动，然后被中国的经济学者总结发掘，最后以某种在西方经济学看来无法理解或似乎不严谨的科学词语，不断被中国最高层决策者采纳，再经不断试验和"试错"，进而以更直白和朴素的语言形成权威的改革文件最后向全国推进，形成改革浪潮，取得改革的成功。比如，家庭联产承包责任制、所有制结构理论、收入分配理论等。正是这些在西方经济学里很难搜寻的中国语汇和中国概念，实际上成为中国经济改革的点火器，从而启动了中国 40 年的经济改革，推动形成了中国经济的奇迹。可以说，正是中国并没有遵循西方的教条，而是始终坚定不移地走中国特色社会主义道路，以雄辩的事实打破了西方中心论的"神话"。

事实上，任何理论都有其特定的适用性。现代西方经济学无论从起源还是从发展来看，都与"西方"息息相关，是西方经验的总结。

而且，西方学者拥有的经历、背景决定了任何西方学者不可能准确解释中国问题，也更不能解决中国问题。因此，一味地用西方的范式解释中国问题，用西方的概念去裁剪中国现实，用西方的理论去套用中国实践，结果难以解决中国问题。这种理论的"奴化"和不正常现象，不仅反映了中国经济学概念的缺乏，也暴露了中国经济学理论缺乏自主性和自信力。因此，中国经济发展迫切需要经济学的理论准备和主体意识，更需要自己的学术话语体系。没有主体性，经济学不能解释中国问题，更不能解决中国问题。

中国的崛起对西方概念形成了挑战，中国的崛起和对西方的超越使得西方的概念和学说越来越难以对中国问题提供准确解释。中国的发展有着西方经济学研究者所没有的丰富素材，是一座构建经济学理论的富矿。中国的学者要善于从丰富的实践中汲取和升华经济理论的中国元素。当前，中国经济学面临的任务是，不但要解构经济学的西方中心论，更重要的是对经济学的西方概念进行"术语革命"，进而用中国特色、中国风格的术语"创造性"地重构经济学的基本理论和逻辑体系。中国的学者有义务和责任秉承对西方概念的解构和改造而不是坚守和盲从，为世界经济的发展贡献中国智慧和中国价值。

新自由主义经济学的全球性危害

2008 年由美国次贷危机引发的金融危机和经济衰退席卷全球，世界经济发展至今未能走出低谷。这场国际金融危机暴露了当代资本主义的腐朽性，更暴露出其理论体系——新自由主义的危害性。现在新自由主义在国际上已经名声扫地，但是新自由主义作为经济理论、社会思潮和政策主张的混合体，带有理论欺骗性和社会影响力。时至今日，新自由主义仍有遗存，"全球增长动能不足"、"全球经济治理滞后"以及"全球发展失衡"等问题依然严峻。因此，如何从全球视野来认识新自由主义仍是一个重大的理论问题。

一、新自由主义加剧了资本主义系统性危机

20 世纪 70 年代，经历了第二次世界大战后黄金时期的西方主要资本主义国家纷纷出现了经济增长停滞、通货膨胀加剧、财政预算赤

代资本主义金融化趋向，为资本主义信用制度危机埋下伏笔。另一方面，新自由主义强调资本的自由流动也促成了当代资本主义全球化趋向，扩大了资本输出和资本增殖的空间，全球生产链和世界市场的形成使得少数资本主义国家爆发危机波及全世界。美国作为新自由主义的主导者也深受其害，正是美国通过金融去监管化，导致大量资本在缺乏监管的情况下涌入金融行业并不断催生资产泡沫，最终演化成2008年席卷全球的金融危机。因此，这场危机是新自由主义导致资本主义基本矛盾激化的结果。其具体危害性表现在以下几个方面：

危害之一：新自由主义"药方"失灵，导致发展中国家经济增长减速甚至陷入衰退。拉丁美洲作为"华盛顿共识"的"跑马场"，也是新自由主义的"重灾区"。20世纪80年代以前，拉美主要国家采取"进口替代型工业化"发展策略，从1950年到1980年人均收入翻了一倍多，取得了较好发展。80年代末拉美作为推行新自由主义的试验场，付出了极其惨重的代价，失业率剧增、贫困化问题凸显，尤其是民族工业遭受重创，陷入举步维艰的境地。拉美1992年至2002年的十年间，经济年均增长只有2.4％，仅相当于80年代以前的45％。因此，拉美新自由主义改革方案推行的十年，更是成为"失去的十年"。历史往往有惊人的相似，类似的故事同样在非洲、东欧以及俄罗斯等相继出现。为什么被奉为圭臬的新自由主义会屡屡失灵？因为长期以来，西方中心主义主导了现代化理论，西方模式成为现代化的样本，从而复制西方经验被认为是现代化的必然选择。然而，当新自由主义演变成改革方案在发展中国家实践和推行时，对发达国家路径依赖的危害性暴露无遗。经济衰退，社会动荡，最终落入发展的"陷阱"。

危害之二：私有化严重损害发展中国家经济主权，造成国有资产大量流失。新自由主义理论的基本逻辑是，市场是万能的，而且为了保证市场效率必须实行私有化。以撒切尔夫人为首的英国保守党政府和以里根为首的美国政府正是依据这一思路进行改革。但是，在发展中国家政治经济实践中，工业化基础薄弱，市场力量单薄，只能通过国有企业对国民经济起到主导作用。然而，私有化却使发展中国家的国有资产大量流失并迅速集中到私人资本尤其是外国资本手中，严重破坏了国家经济安全。例如，阿根廷在 20 世纪 90 年代就将电信、铁路、矿业、钢铁业等绝大多数国有企业和国有资产出售，这使得政府在面对 2001 年爆发的严重经济危机时，找不到可作抵押的国有资产，因而无法向国外金融机构贷款。同时，那种认为市场化只能是私有化的新自由主义观点，在实践中不但严重冲击社会主义公有制，更削弱一国综合国力。比如，俄罗斯实施新自由主义"休克疗法"式改革，全面推行私有化，结果不但导致寡头垄断的畸形竞争格局，而且也给俄罗斯经济带来灾难性后果。仅仅不到 10 年时间，俄罗斯国民经济和工业生产下降了 50%，综合国力大大削弱。殷鉴不远，作为世界上曾经唯一能够与美国抗衡的国家，正是新自由主义改革让俄罗斯的公有制经济优势丧失殆尽而今非昔比。

危害之三：新自由主义加剧了全球秩序失衡。新自由主义倡导的自由化，其本质体现的是国际垄断资本主义的利益。国际垄断资本主义通过构建一套符合自身利益的国际政治经济秩序，借助全球化扩大资本对外输出，进而形成资本主义全球化。然而，这套全球秩序始终是失衡的，突出地表现在公平性和可持续性两个方面。就公平性而言，宏观上，发达国家与发展中国家的差距被进一步拉大，发展中国家因处于全球生产链低端而只能"被剥削",从而形成依附型经济并长期固化于发达国家经济的"外围",只能任由发达国家摆布而无力实现赶超;微观上,因为缺乏必要的国家干预和调控,不能直接影响收入再分配,造成贫困在劳动者中扩大,财富在资本一端扩大。一极是财富的积累,另一极是贫困的积累。贫富差距不但不能消弭,而且越来越大;就可持续性而言,资本逐利的本性要求资本流向利润率高的产业,由此金融业的过度发展符合了资本主义的内在趋势。但是,金融监管缺失直接导致虚拟经济与实体经济脱钩,产业空心化、经济虚拟化、泡沫化越来越严重,增加了经济发展的风险和不确定性,损害了经济发展的可持续性和竞争力。

三、中国道路的理论贡献与当代价值

随着新自由主义危害的不断显现和日益加深,特别是国际金融危机的爆发,世界各国都开始深刻反思并不断抛弃新自由主义。与之形成鲜明对比的是,中国特色社会主义道路取得举世公认的成就,不但让中国实现了从贫困落后向全面小康的历史性转变,而且也为全球治理及经济复苏提供了中国经验和中国方案。

中国道路超越了新自由主义的教条,打破了西方模式主导世界的神话。中国改革发展从来没有遵循新自由主义推崇的所谓"正统"经验,而是努力寻求适合自己国情的发展路径。中国道路取得的成就,颠覆了新自由主义的理论阐释模式和理论预期,意味着西方不再是现代化发展的唯一样本，更不是先进的"坐标"。中国道路所蕴含的现代化模式具有强大的行稳致远的内生动力，对于广大发展中国家实现现代化有着重要的借鉴意义。

中国道路超越了发展市场经济只能走私有化道路的迷思，坚持政府与市场关系上的两点论和辩证法。新自由主义将私有化视作市场经济的天然属性，片面强调市场机制的万能作用，然而在如何克服市场调节的自发性、盲目性、滞后性等问题上，新自由主义却一直没有给出合理的答案。与新自由主义不同，我国在市场化改革的过程中坚持不搞私有化，更防止过度市场化。在坚持公有制主体地位的同时，鼓励促进多种所有制经济共同发展；在坚持发挥市场在资源配置中的决定性作用的同时，更好发挥政府作用，实现了社会主义制度与市场经济的有机结合。

正因为如此，我国的社会主义市场经济体制在实践中拿出了令世人惊叹的"优秀成绩单"。中国道路的最大特征就是立足本国国情，既发挥了社会主义公有制的优越性，又充分利用市场机制优化资源配置，在坚持发挥中国共产党总揽全局、协调各方的领导核心作用的基础上，妥善地处理好政府与市场的关系，形成市场作用和政府作用有机统一、相互补充、相互协调、相互促进的格局，从而推动中国经济社会持续平稳健康发展。

中国道路超越了资本主义体系的全球化，为世界发展和全球治理提供中国方案、贡献中国智慧。2008年国际金融危机以来，世界经济复苏乏力，难民危机、恐怖主义等地缘政治问题层出不穷，"逆全球化"思潮开始涌现，世界各国都迫切期待切实有效的解决办法。过去，国际经济的合作模式和指导国际经济合作的理论由欧美国家把持，它们把新自由主义奉为圭臬，从而将全球化带入了陷阱。

现在基于自身发展道路的成功，中国一方面适时提出了"一带一路"倡议，其所蕴含的新国际合作观和合作模式更加突出了发展中国家之间合作的重要性和发达国家的分利性，避免传统全球化发展中的地缘竞争陷阱，可以从根本上扭转全球化进程中富国越来越富、穷国越来越穷的格局。

另一方面，中国提出了构建"创新、活力、联动、包容的世界经济"，这是对世界经济增长新问题开出的药方，通过坚持"创新"来打造富有"活力"的增长模式，培育发展新动能；坚持"联动"来提升世界经济发展的系统性和均衡性，构建互利共赢的全球政治经济新秩序；坚持"包容"来增强全球发展的公平性和可持续性，推动全球经济、社会、环境的和谐共处。

无论是"一带一路"倡议还是构建"创新、活力、联动、包容的世界经济"，都是基于中国道路的认识和自信而对世界发展和全球治理提出的中国方案，它能够更好地推动树立人类命运共同体意识，破解制约全球化发展的"世界命题"。这既是对人类未来、全球命运的远见卓识，也是中国道路的世界映像。

四、用中国理论阐释中国实践　让中国话语唱响世界

2016 年 5 月 17 日，习近平总书记在繁荣和发展哲学社会科学座

谈会上指出，"当代中国正经历着我国历史上最为广泛而深刻的社会变革，也正在进行着人类历史上最为宏大而独特的实践创新。这种前无古人的伟大实践，必将给理论创造、学术繁荣提供强大动力和广阔空间。这是一个需要理论而且一定能够产生理论的时代，这是一个需要思想而且一定能够产生思想的时代。"几年来，习近平的讲话精神时刻在中国的哲学社会科学者头脑中回荡。伴随着中国改革开放的持续前行，世界正越来越关注中国，也越来越期待世界发展中的中国方案。重温习近平的讲话精神，在这样的背景下，中国的哲学社会科学者应该思考要承担起什么样的使命和历史担当。

五、"解码中国"正成为国际社会热门话题

新中国成立 60 多年特别是改革开放 40 年来，我国坚持走好中国特色社会主义道路，实现了经济持续快速发展，成为世界第二大经济体，7 亿多人口摆脱贫困，人均国内生产总值超过 8500 美元。中国用不到 40 年的时间走完了西方发达国家几百年走过的发展历程，实现从"一穷二白"到建立现代工业体系和国民经济体系的跨越，实现从物资极度匮乏、产业百废待兴到成为世界经济增长引擎、全球制造基地的跨越，实现从贫穷落后到阔步走向繁荣富强的民族复兴大跨越。历史以超出人们想象的大跨越和大进步，对中国共产党领导人民走出的中国道路作出了最生动和最深刻的诠释。

正是从这个意义上讲，中国改革开放 40 年取得的发展成就，带

给中国的是一场千年未有的大变局，带给世界的却是历史坐标的大翻转。这是当今时代最为重大的历史事件，中国的发展成就打破了人类有文字以来的历史记录，也颠覆了西方哲学社会科学的理论阐释模式和理论预期。这样的历史巨变，一方面倒逼着西方学者重新审视和检讨西方主流哲学社会科学的理论假设、逻辑演绎与解释框架；另一方面，也迫切呼唤中国学者用中国理论阐释好中国实践，回答好中国问题，阐明好中国道路，总结好中国经验，把中国的发展优势转化为理论优势和话语优势，不断增强中国话语的感召力，让中国话语唱响世界，这是时代赋予我们的重大课题。

六、用中国理论阐释好中国道路

中国话语体系本质上是中国道路的理论表达和话语镜像，只有用中国理论和中国话语，才能向世界阐明中国道路何以能够成功及对世界的意义。阐释好中国道路，必须克服历史虚无主义，坚持道路自信、制度自信、理论自信和文化自信。中国实践不能成为西方话语的"搬运工"，更不能成为西方理论的"跑马场"和"试验田"。中国道路的开辟和拓展，与中国发展的独特历程和历史文化传承密切相关。

黑格尔认为，历史的真正源头在中国，中华帝国最令人称奇和惊异的地方在于它的一切都是自力更生的结果。因此用中国理论阐释中国实践，中国道路才能彰显成就的辉煌性和凸显其世界意义。正如习近平总书记指出的，"实现中国梦必须走中国道路。这就是中国特色社会主义道路。这条道路来之不易，它是在改革开放 40 年的伟大实践中走出来的，是在中华人民共和国成立 60 多年的持续探索中走出来的，是在对近代以来 170 多年中华民族发展历程的深刻总结中走出来的，是在对中华民族 5000 多年悠久文明的传承中走出来的，具有深厚的历史渊源和广泛的现实基础。中华民族是具有非凡创造力的民族，我们创造了伟大的中华文明，我们也能够继续拓展和走好适合中国国情的发展道路。"

七、将中国经验提炼为系统化学说

中国的发展成就不是经典理论预言的结果，也不是对历史上任何一种发展模式的复制。总结中国的发展经验非常重要，这不仅对中国自身发展具有史诗般的历史意义，而且对世界发展同样具有史诗般的历史意义。

中国发展的经验有着丰富的内涵和更加多维的层面，远远超越西方理论的内涵和指导意义。其一，中国道路丰富了对现代化的认知，突破了传统现代化的路径，体现了推动人类发展的中国智慧、中国方案。中国经验证明，现代化并非西方化，现代化模式也不是唯一的，而是多维的。

其二，中国对西方的发展超越，本质是中国国家治理能力与治理体系对西方的超越。历史上，中国从秦汉开始的以郡县制代替封建制，完成了在治理能力与治理体系上对西方的第一次超越，才确立了后来中国在 1000 多年的历史长河中对西方发展的遥遥领先。今天，21 世纪的中国，在发展模式上再次实现对西方的超越，表明西方面临的危机不仅是发展的危机，更是治理能力和治理体系的危机。

其三，中国经验不但是中国的，更是世界的。一方面，中国发展实践对世界经济增长和减贫作出了 70% 的贡献，使得今天的世界变得更加公平；另一方面，中国经验更符合发展中国家的发展探索，相比西方提供的发展模式，中国方案更具有普适性和认同性。因此，中国经验需要不断梳理和系统化提炼，在理论上不断拓展新视野、作出新概括。

八、破除西方中心论的语境

西方人习惯于用自己的思维方式和话语方式来解读中国，得出了许多似是而非的结论。构建中国话语体系，需要我们对西方话语体系进行科学辨析、理性批判，切实改变"西强我弱"的国际舆论格局，进而消除基于西方中心论的话语对中国形象的歪曲和误判。

西方学者构建话语体系的一个理论基点是西方中心论，他们将资本主义解释为现代化的唯一途径，并极力向世界推广，并宣称"历史的终结"。可以说，历史上西方关于中国形象的描述大多基于西方中心论的思维模式，即认为西方是世界的中心，中国只是世界的边缘一隅，由此有"远东"之说。

用西方中心论看待中国的崛起上，西方总是希望世界的中国变成西方的中国，并且融入西方国家建构的所谓主流价值观，或是被现存的国际社会规范和制度所同化。一旦偏离西方中心论的轨道，西方人讲述中国故事必然任意裁剪中国形象，中国故事成了西方人的"他者"和"被描述的中国"，中国形象由此在西方碎片化、妖魔化。

中国的迅速发展超出了西方理论和话语的诠释能力，导致西方对中国的判断差距越来越大。事实上，中国的发展成功，正是在不断汲取西方的发展经验和教训基础上取得的，中国的发展并没有脱离世界发展的联系。因此，中国的世界与世界的中国，不是两个相互排斥的命题，而是互为因果、相互促进。

九、构建标识性的中国话语概念和范畴

没有标识性概念和范畴，就会使中国哲学社会科学缺乏主体性和自信力，更容易陷入西方话语体系的陷阱。中国的崛起对西方概念形成了挑战，中国的崛起和对西方的超越使得西方的概念和学说越来越难以对中国问题提供准确解释。

当前，中国哲学社会科学创新发展面临的任务是，不但要解构西方中心论，更重要的是对哲学社会科学的西方概念进行"术语革命"，进而用中国特色、中国风格的术语"创造性"重构哲学社会科学的基本理论和逻辑体系，既扎根中国大地，突出时代特色，继承和弘扬中华优秀传统文化，又融通中外，积极吸收借鉴国外有益的理论观点和学术成果，从而为世界经济发展和世界文明的进步贡献中国智慧和中国价值。

　　为了向世界展现一个真实、完整的中国，我们在构建中国话语体系时必须反对西方中心论，消除其对中国形象的歪曲，通过中国话语充分展示中国形象和中国魅力。用中国理论阐释中国实践，让中国话语唱响世界。我们不仅要让世界知道"舌尖上的中国"，还要让世界知道"学术中的中国"、"理论中的中国"、"哲学社会科学中的中国"，让世界知道"发展中的中国"、"开放中的中国"、"为人类文明作贡献的中国"，为实现"两个一百年"奋斗目标、实现中华民族伟大复兴的中国梦提供强大的思想理论支撑。而这，也是我们广大哲学社会科学学者的重要历史使命。

中国经济学与经济学发展趋势

当今中国正处于经济改革与社会转型的关键期。如果市场化的经济改革是对强国富民"复兴之路"的探索，而向现代社会的转型又是市场经济良性发展的前提，那么"中国本土"的经济学现在所肩负的使命就是增强理论自信，通过理论创新，在中国深刻的社会转型中为经济改革明确方向。另一方面，当今世界正目睹庞大中国的和平崛起以及全球金融危机后强势西方文明的日渐式微。显然，中国经济学理论本身与作为全球第二大经济体的中国经济总量之间存在不对称。如果说全球化及金融危机带来的新问题将全世界带入了一种徘徊或迷茫的话，那么"中国时代"的经济学所要担当的历史责任就是解开传统经济学的"认识上的枷锁"。不管"中国"二字如何理解，中国经济学只有在上述两个问题上形成有深入见地的理论体系，才会独立自成一派引领未来经济学发展趋势，从而真正在世界经济学之林占有一席之地。

一、"中国经济学"研究概述

70多年前，王亚南先生就大力倡导建立中国经济学，并身体力行，留下大量重要著作①；近年从林毅夫倡导经济学中国本土化、规范化、国际化②之后，又出现了大量的研究中国经济学的文献。这主要是因为中国发展面临双重任务："转型"与保持经济高速增长，同时中国经济在世界经济中的重要性也正逐步提高。而现有的主流经济学又不能直接解释中国问题，因此需要发展适合中国本土现实性与文化特性的经济学理论。对"中国经济学"中"中国"的丰富内涵，国内现有大量的研究文献作过分析：

1. "中国"指"中国本土"

若将"中国"作为一个地域概念，中国经济学也就是理解为中国本土的经济学。从这一角度出发有以下几种观点：王亚南认为，中国经济学就是运用世界性的经济学一般原理研究中国经济问题的经济学③；黄泰岩认为，中国经济学是在马克思主义经济理论的中国化、国

---

① 李文博：《中国经济学与中国经济问题研究——王亚南〈中国经济原论〉读书札记》，《厦门大学学报》2002年第1期，第10—16页。

② 林毅夫：《本土化、规范化、国际化——庆祝〈经济研究〉创刊40周年》，《经济研究》1995年第10期；林毅夫：《经济学研究方法与中国经济学科发展》，《经济研究》2001年第4期，第74—81页。

③ 王亚南：《关于中国经济学建立之可能与必要的问题》，《王亚南文集》第1卷，福建教育出版社1987年版。

际化和中国实践的理论化中形成的具有中国特色的经济理论[①]。而从李斯特强调经济学的民族性开始，大国崛起都伴随着本国经济学理论的创新，中国经济学也必然立足于本国的民族利益。[②] 因此，自民国时期起，中国的经济学者已开始注意这一学派诞生的渊源、保护主义政策以及历史主义方法，在构建本土经济学方面视德国历史学派为榜样并对其进行扬弃，成为探索中国经济学最早的思潮。[③]

2. "中国"指"中国时代"

许多人认为 21 世纪是中国的世纪，按此逻辑可以将"中国"理解为一个时代。即中国经济学是"中国时代"的经济学。而中国时代令人瞩目的事件有两个：中国内部的经济和政治体制改革以及中国崛起造成的世界政治经济秩序的调整。由此而来的问题是：中国如何改革？中国为何会崛起？对于转型国家、发展中国家，中国模式是否具有普遍意义？技术革命和全球化背景下，世界政治和经济秩序如何调整？对于这些问题的回答，实际是从中国的实践经验出发，寻找一个特定历史时期的工具性的理论，进而升华出能为全人类所用的普遍性理论。

林毅夫认为随着中国经济地位的提高，经济研究的重心将从美欧转移到中国，经济学在中国的本土化、规范化和国际化将产生代表这

---

① 武京闽：《中国经济学与经济学的中国化——访黄泰岩教授》，《中国人民大学学报》2000 年第 5 期，第 113—116 页。

② 白钦先：《试论经济学的民族性特征》，《西南金融》2012 年第 5 期，第 4—8 页。

③ 严鹏：《德国历史学派与民国时期中国经济学的发展》，《德国研究》2011 年第 2 期，第 40—45 页。

个时代的中国经济学 [①]。沈越认为，中国经济学是在马克思主义指导下，研究中国经济问题的一门专门经济学，其研究对象既不是马克思主义经济学的生产关系及与之相适应的生产方式，也不是西方主流经济学的市场经济的一般运行规则，而是社会主义市场经济基本制度背景下的中国经济改革与经济发展。搭建一个能与一般经济学相并列的"中国经济学"理论框架可能永远是徒劳，但是建设一门能反映中国市场经济体制特点和中国经济发展道路特色的中国经济学，却完全有可能 [②]。

这是将中国经济学划定在特定历史时期的代表性观点，而另一种观点认为中国经验及理论具有普适价值。最有代表性的是乔舒亚·库帕·拉莫提出的"北京共识"：中国通过艰苦努力、主动创新和大胆实践，摸索出了一个适合本国国情的发展模式，正对世界很多国家产生影响。可以总结为三个定理：（1）坚决进行改革创新和不断试验，利用创新减少改革中的摩擦损失；（2）超越人均GDP的衡量尺度，建立一种将经济可持续性和财富平等性分配成为首要考虑而非奢谈的发展模式；（3）政策自决和金融自主，运用杠杆推动欠发达国家对强权的牵制。他认为，中国的经济发展模式不仅适合中国，也是落后的发展中国家追求经济增长和改善人民生活足可效仿的成功榜样，是一些发

---

① 林毅夫：《本土化、规范化、国际化——庆祝〈经济研究〉创刊40周年》，《经济研究》1995年第10期。林毅夫：《经济学研究方法与中国经济学科发展》，《经济研究》2001年第4期，第74—81页。林毅夫、胡书东：《中国经济学百年回顾》，《经济学》（季刊）2001年第1期，第3—18页。

② 沈越：《中国经济学建设与创新刍议》，《北京师范大学学报》（社会科学版）2006年第5期，第117—122页。

展中国家如何寻求经济增长和改善人民生活的模式。对全世界那些正苦苦寻找不仅发展自身，而且还要在融入国际秩序的同时、真正保持独立和保护自己生活方式和政治选择出路的国家来讲，"北京共识"提供了新的道路①。

然而，与"华盛顿共识"背后有新自由主义经济学支撑类似，所谓的"北京共识"要形成普适性的原则必须有强有力的经济理论作为基石。张志敏深入考察了新自由主义经济学及其对中国经济学的影响之后，强调中国经济学应站在"巨人的肩膀上"，站在国际高度进行理论创新，形成经济学范式新的革命。②

3."中国"指"中国文化"

当代主流经济学是建立在基督教文化之上的经济学，而中国是儒家文化的代表。另一方面，中国区别于西方，是坚持马克思主义的社会主义国家。"中国"如果当作一个文化范畴来看，那么中国经济学就是中国文化传统、马克思主义及主流经济学三者相融合所形成的新的理论范式。

朱富强的观点具有代表性，他认为：构建中国经济学范式需要面临两个层次的契合：一是把探究事物本质的马克思主义政治经济学和实证事物现状的现代西方主流经济学契合起来，这主要涉及探究当前经济学界两大分支的互补性和差异性问题；二是把西方学术界的经济理论与中国人的行为机理、社会文化契合起来，这涉及作为社会科学

① Joshua Cooper Ramo，The Beijing Consensus，The Foreign Policy Centre，2004.

② 张志敏：《新自由主义经济学及其对中国经济学的影响——兼论中国经济学的构建》，《求是学刊》2011年第3期，第43—48页。

的经济学的本土性问题[①]。如同男性与女性的行为和心理特征的差异，西方文化与东方文化也存在着思维传统的差异。主流经济学是建立在西方文化的男性主义基础之上的，强调在斯多葛主义影响下的"理性"及"权利道德"所形成的基于分离个体上的机械的平衡秩序。因此，如果将女性主义的"责任道德"及东方文化中强调"知行合一"、"主客同体"、"和谐共存"等思想融入主流经济学，那么经济学本身将更加具有科学性[②]。

上述三种对"中国"的不同理解，不仅反映"中国经济学"丰富的内涵，而且提出了不同层次的研究期望。"中国本土"强调研究中国的特殊性；"中国时代"不仅强调特殊性，而且还要求将其上升为普适理论；"中国文化"则在更深入的层次，要求将中国的文化精髓融入经济研究，重新补充和完善现有的经济学理论范式。前人在不同时期所做的这些研究，为"中国经济学"勾勒出了大致轮廓，堪称精辟。但是，这些研究涉及较少的是这样的问题：学术中心的转移将导致经济研究重心的转移，经济理论发展的趋势也将随之改变，那么"中国经济学"当前面临的研究重心是什么？要顺应的经济理论发展趋势是什么？进而要解决的根本问题是什么？本文将对这些问题作初步探讨。

---

① 朱富强：《中国经济学范式思考：两个层次的契合》，《财经研究》2008 年第 5 期，第 4—14 页。

② 朱富强：《女性主义经济学与中国经济学的本土化》，《经济学家》2008 年第 6 期，第 40—46 页。

二、经济学研究重心的转移

林毅夫认为，21 世纪将会是中国经济学家的世纪，因为经济学研究的学术中心是随着现实中世界经济中心的转移而转移的，中国将成为未来世界经济的中心，所以经济学的学术中心将转移到中国。[①] 但是他没有探讨学术中心转移之后，经济研究的重心又会如何改变？重心的改变将决定经济理论的发展趋势，进而决定未来"中国经济学"的前途，因此必须首先从经济理论发展的角度，考察经济研究重心的变化。

我们认为，经济学理论是对经济现实的一种逻辑化解释，因此现实的变化推动了理论的变化。人类自古以来就有交换行为，当以交换为基础的商品经济转变为社会的主导经济形式时，人类便进入了市场经济时代。这种转变是在某种政治、法律、文化传统等环境下所产生的。与之对应的，人们之间的社会关系、生产方式、技术应用等方面也发生了改变。当政治、道德伦理、哲学等领域的学者对于市场经济作出深入思考，系统研究社会关系、生产制度及技术应用之后，经济学才成为一门独立的学科：古典政治经济学。由此，经济学涉及的领域可以归为四个方面：制度环境（政治、法律、文化传统的环境）、

---

① 林毅夫：《本土化、规范化、国际化：祝贺创刊 40 周年》，《经济研究》1995 年第 10 期；林毅夫：《中国经济学的机遇和挑战》，《当代经济》2007 年第 7 期，第 4—5 页。

"人—人"关系（人们的社会关系）、"人—物"关系（生产方式）与"物—物"关系（技术应用）。经济学主要对后三者有系统研究，但后三者形成于前者的基础之上。历史学派试图将制度环境也纳入研究范围之内，但没有找到正确的方法。马克思主义政治经济学认为资本主义制度中后三者的变化必然导致制度环境变化，最终形成社会主义所需要的制度环境。

20 世纪之前，学术中心在欧洲，经济研究没有脱离这四个方面，并且以前两个方面为重心。而进入 20 世纪之后，随着经济中心逐渐向大西洋对岸的美国转移，经济学的学术中心转移到美国，新古典经济学逐渐成为主流，经济研究的重心转变，越来越侧重"人—物"和"物—物"关系，而忽视制度环境和"人—人"关系。我们认为，造成这种现象的根本原因是：学术中心的现实环境决定了研究重心，欧美社会现实环境的不同导致经济研究重心的改变。20 世纪之前的欧洲社会并没有建立起完善的经济制度环境，当时的经济学家都无法回避这个现实问题。而 20 世纪的美国则有着较为理想的市场经济的制度环境。因此，这里的经济学家不需要关注制度环境 [1]。当美国引领电力及内燃机的第二次工业革命时，欧洲则在两次世界大战中衰落。现实中美国经济的模范作用，使得经济学的"主流"也逐渐"美国化"。以边际分析为核心的新古典经济学可以看作是"美国时代"的经济学，但边际分析的适用范围是"人—物"和"物—物"关系，对"人—人"

---

[1] 试想，如果美国的南北战争北方没有胜利，形成分裂格局或是南方胜利的结果，美国国内在 20 世纪也面临着制度环境转变的问题的话，新古典经济学或许就不会放弃制度分析了。

关系和制度环境的研究并不适用。因此，当时的主流经济学关注的范围缩小为"人—物"和"物—物"关系，其他则被划为非主流的经济学。

20世纪30年代的经济危机将新古典经济学带入了西方现代经济学。由此迎来凯恩斯革命，经济学分离为"微观经济学"和"宏观经济学"。而新古典经济学研究的主要内容被纳入"微观经济学"，而"宏观经济学"虽然没有直接研究"人—人"关系，但其构建的"通货膨胀率—利率—失业率"三角指标体系，却使它成为一种解决"人—人"关系问题的"工具性"理论。由此，利益集团能够利用这三个指标体系为其利益辩护，经济学因而保住了它"显学"的地位。但边际主义仍然当道，新古典综合派又将边际分析变为主流，而货币主义、新凯恩斯主义等都没有脱离凯恩斯经济学的分析框架。

然而20世纪后期开始，现实经济却向着"人—人"关系越来越重要的方向发展。在技术进步的推动下，生产方式逐渐脱离了物质领域。单纯的物质生产虽然产出不断增加，但是价值却不断下降，从事物质生产的人数也不断减少。而知识生产、技术创新、服务交换逐渐成为经济的主导，在发达国家，这些部门的价值及从业人数都在总量中占大部分。简单的边际分析虽然适合物质生产或消费领域，但到了非物质的领域其适用性就非常有争议。因此，经济研究的重心又有重新转向"人—人"关系及制度环境领域的趋势。政治选择、产权、制度变迁等都被纳入经济分析的框架。新制度经济学将边际分析与制度分析相结合，从而进一步增强了主流经济学的解释力。但是边际分析是否适合"人—人"关系以及制度环境的研究？或者说是否有比它更适合的分析工具，比如博弈理论、人类行为理论等？这些都有待进一步研究。

因此，我们可以观察到，经济学学术中心的第一次转移，从大西洋东岸的欧洲到西岸的美国，经济研究的重心由于现实环境的改变，也随之从制度和社会关系的方面转向物质和技术方面。而未来（或当前已开始），经济学学术中心将面临第二次转移，从太平洋东岸的美国转向西岸的中国，并且经济研究的重心也有重新向制度与社会关系方面回归的趋势。而中国本身正经历着前所未有的制度变迁，这一现实环境必将推动经济研究重心实现真正的转变。

三、经济理论新的分化趋势

在上述研究重心改变下，进一步可以推断，经济学理论未来将有两个方面的分离：其一，在研究对象方面，制度环境及"人—人"关系与"人—物"及"物—物"关系相分离，经济学将分成"社会经济学"与"物质经济学"；其二，在理论功能方面，规律性理论与工具性理论相分离。

1. 社会经济学与物质经济学相分离

在研究对象方面，由于分析工具的适应性不同，在短期内无法找到统一的工具，经济学也许会分离为两个部分："社会经济学"和"物质经济学"。前者研究制度环境的变化机制以及"人—人"关系，以历史分析、人类行为分析、博弈论等作为主要分析工具；后者研究

"人—物"及"物—物"关系，以边际分析为主。这涉及哲学上本体论的问题，究竟何为本体？是"人或意识"还是"物"？只有这个问题有定论，物质经济学或社会经济学两者中的一个才能成为基础，而另一个作为其附属，否则就只能将它们暂时分立，以避免错误。

国外一些经济学家和社会科学家深切地感受到新古典主流经济学对经济学的单一"统制"所造成的危害，开始推动经济学的研究方法多元化。他们于 1993 年成立了经济学多元论国际联合会（ICAPE）。该联合会认为，在经济科学的理论和方法上都需要更大的多元化。多元论的新精神将推动各种不同方法的实践者开展更具有批判和建设性的对话。经济学学科需要基本的改革，需要对经济行为更深入的各种跨学科的融合和研究开放。[①] 该学会 2011 年会议的主题是"在经济困窘时反思经济学"。国内的主流经济学家也日益重视经济学研究必须回归制度与人性。例如，张军指出，发展、经济发展、经济发展与制度是当前经济学的核心命题。这些制度的问题和历史、文化、政治联系在一起，过去不为经济学家所重视，现在需要进行更多研究，特别是对制度的来源、制度对经济发展、制度对经济增长到底有什么影响，前者到底是原因还是结果等重大问题作出判断和回答。这方面的研究非常有前景，将会成为未来 10 年、20 年关于发展的制度研究的热点，可能变成主流经济学非常重要的内容。[②]

[①] 贾根良：《中国经济学发展的西方主流化遭遇重大质疑》，《南开经济研究》2003 年第 2 期，第 3—12 页。

[②] 张军：《正义问题：衡量中国经济学现代化的标尺》，《中国社会科学报》2012 年 6 月 11 日，A6 版。

2. 规律性理论与工具性理论相分离

在理论功能方面，经济学理论面临其规律性与工具性无法统一的矛盾。社会科学的理论对社会的实践意义，在某些情况下并非理论真的揭示了规律，而是理论影响了人们的观念进而通过理论之外的规律发挥作用。或者说，很多理论起到的是一种工具性的作用，相对于隐藏其后的现实意义而言，其本身内容的真假对错已经不重要了。但是，既然有人能够意识到理论背后的"潜在规则"，那这些"潜在规则"的作用规律能否被人认识，并形成理论？一旦成为理论，这些"潜在规则"是否还有作用？

至此，我们必须将自然科学和社会科学区别开来看。自然科学只研究"物—物"关系，"物"的规律的是其研究对象，而人们工具性地使用这些理论的对象也是"物"。因此自然科学理论的"规律性"和"工具性"是统一的，因而也就不存在"潜在"和"显在"的问题。但社会科学研究的是"人—人"及"人—物"关系，人的行动规律是真正意义上的研究对象，而这些理论在使用时，使用者是"人"，使用的对象也是"人"。这样，理论在被使用时本身是工具性的，而这种使用是否符合"规律性"就不得而知了。

当我们依据某个理论建立正式规则时，相应地会形成潜在的非正式的规则。如果人们的行为大多能为这个理论所解释，那么可以说理论的"规律性"与"工具性"大致是统一的。但如果人们在非正式规则下的实际行为与这个理论相关性很小，那么这个理论就只能作为"工具性"理论，即其实际的作用与其内容是不一致的，它仅仅作为一种形成某种机制的工具而存在。因此，经济学理论可以划分为两种：

研究客观规律的规律性理论与为达到某种目的而建立的工具性理论。

这涉及认识的问题。如果研究者的认识能够涵盖大部分人的局部认识，那么他的理论就具有规律性，而根据这个理论所建立的正式规则就符合规律，非正式规则存在的余地就小。但随着现实的变化以及人们认识的扩展，研究者的认识慢于大多数人的局部认识的话，那么研究者的理论就会与大部分人的现实行为脱节，这种理论也就成为"工具理论"。而另一种工具理论形成的可能是，随着社会分工的加深，人们的认知范围变小，但在小范围内的认识深度却会增加。理论即使在广度上能涵盖大部分，但由于深度不够，最后导致其变为工具性理论。

唯理主义强调理论的"规律性"，而反唯理主义强调理论只有"工具性"。朱富强（2013）认为，现代主流经济学已经实现了从具有相当演化特性的英国古典经济学向具有唯理主义的现代经济学的转化，具有强烈的建构理性的唯理主义特征："一方面，它秉承自然主义的分析思路热衷于一般均衡模型的构建和分析，大量的相关研究者也因此而获得了诺贝尔经济学奖，这种思维导向和学术激励也是大量的理工科研究者进入经济学领域的原因；另一方面，主流经济学热衷于基于效率原则的功能分析，并以此为社会提供政策建议，试图如自然科学般地对社会领域进行改造或指导。"[①]

因此，现代主流经济学理论很大程度上是被当作规律性理论创造

---

① 朱富强：《现代主流经济学为何热衷于数理建模——兼析唯理主义在经济学中的渗透》，《贵州社会科学》2013 年第 1 期，第 61—68 页。

出来，而被工具性地使用。当社会大众意识到某个理论与真正起作用的规律无关时，这个理论也就被完全当成工具性理论，仅仅是为了有个"答案"而存在，至于这个答案是否正确反而变得无关紧要。作为"显学"的经济学因此而落入"困窘"：一方面，经济学家自认为其理论表现了"真理"，大众使用其理论因而达到了实践目标，并且可以通过大量实证得以检验，经济学家因此而"自得其乐"地赞颂或争吵；另一方面社会大众（经济活动的实践者）深知真正起作用的规律并非在经济理论本身的表述之中（或理论只表达了规律的一部分），但这种理论可以为其行为提供依据或表达工具，因而这些理论工具性地使用，成为"解释的科学"。

而从演化的视角，规律性理论必定会随着社会大众观念的转变而变为工具性理论，经济学理论因而要不断地创新才能确保其活力。因为从长期看，包括价值观、道德观念、意识形态等在内的社会大众观念会发生历史性的改变。对于某一状态的社会大众观念而言，某种理论可能是具有规律性的。但随着大众观念的改变，作为理论作用对象的"人"本身发生了变化，或者说现实中的"人"的观念已经变得与理论假设中的"人"的观念不一致了，这时理论的规律性就慢慢降低，在更有规律性的新理论出现之前，原先的理论就沦为工具性理论而被人们勉强接受。因此，经济理论的创新本质上是在随"人"（理论的作用对象）的观念变化而变化，是一种适应性的演进过程。

近代以来，中国社会正经历着向现代社会的转型，从五四运动到新中国建立，到"文革"时期，再到改革开放时代，社会大众的观念经历了多次深刻的变革，各种经济理论也经历了从规律性向工具性的变化。因此，作为"中国本土"的中国经济学对于理论的规律性和工具性会有更深刻的体会与感悟；另一方面，当今以西方为主导的现代社会也正经历着大众观念的深刻调整。金观涛认为，现代社会是建立在工具理性、个人权利和民族认同三大支柱之上的，后面两个价值发生问题导致第一次全球化的危机，而在当前的第二次全球化浪潮中，工具理性（终极关怀与个人理性的分离）这个现代价值观未来将会改变，终极关怀或许将不再仅仅停留在私人领域，新的理性精神将被用来驾驭失去控制的工具理性。① 因此，作为"中国时代"的经济学，必定会随着现代社会整体价值观念的改变而进行适应性的理论创新，原先的经济理论会沦为工具性理论，而以新价值观念的"人"为前提假设的创新将形成新的规律性理论。

由上述两点可以推断，中国经济学的构建必然顺应这两大趋势：第一，社会经济学与物质经济学分立为两大部分；第二，理论分为"工具性层面"和"规律性层面"。工具性层面的理论解决现实的问题，而规律性层面的理论则是为人类认识客观规律作出贡献。

四、中国经济学要解决的难题

在上述经济学理论的两个分离趋势下，中国经济学面临着一个根本难题：在本体论方面，必须确定实在本体究竟为何？哈耶克同时批

---

① 金观涛：《探索现代社会的起源》，社会科学文献出版社 2010 年版，第 163—168 页。

判原子式的"伪个人主义"以及集体主义，认为它们分别把方法论上的"个人"、"集体"当成了本体论上的实在，从而导致了唯理主义 [①]。但哈耶克理论无法解决的矛盾是，反唯理主义的理论本身其实也是一种唯理主义。我们认为，矛盾的根本原因是他的理论没有明确本体实在到底为何？不确定本体，那理论本身就失去意义。如果说个人和集体都不是本体论的范畴，那么物质和意识是属于本体论的范畴。如果物质是本体，意识是物质性运动的产物。物质的客观规律是为大家所承认的，那么意识也是服从物质的客观规律的。这种观点会导致强调某种"目的"的唯理主义。如果意识是本体，物质仅仅是意识的经验性反映，那么意识的运动是没有规律性的。哈耶克理论或许是站在这个立场上的。虽然，当今大多数科学研究者是唯物主义者，但即使以物质为本体，意识的主观性仍然是一个复杂问题，社会科学无法回避此矛盾。因此，中国经济学要有所建树，必须明确实在本体为何？在此基础上实现社会经济学与物质经济学的正确划分，并且实现理论的规律性与工具性的统一。

如果同时承认物质的本体属性与意识的自发性的话，那么包括经济活动在内的社会活动就应该是一个阶段性的演进过程，这符合历史唯物主义的观点。因为，以唯物主义的立场出发，社会活动本身是物质运动的一部分，必然有"均衡"的状态；而人的意识的自发性又会导致作为社会活动主体的人的自身观念发生变化，进而导

[①] 邓正来：《规则、秩序、无知——关于哈耶克自由主义的研究》，三联书店 2004 年版，第 3—43 页。

致原先的"均衡"发生改变。因此，社会活动会呈现阶段性的演化特征。汪丁丁指出，如果将来有人说中国经济的奇迹造就了中国经济学，那么它应该是一种演化社会理论。因为中国是转型期的社会，很多公共政策论证过程涉及个体，他们的偏好在发生变化，体现在转型时期人们的认知能力、观念、社会方式、情感方式都在发生变化，这与西方社会有本质区别。因此，中国经济学解释中国经济行为的理论，它一定是基于演化的社会作为现实前提的，因为偏好的变化本身是导致演化的。而演化经济学"跃迁式均衡"的方法，可以解释研究中国的很多经济行为，具有非常重要的基础性意义的。[1]

五、德国历史学派的启示

以上是经济理论发展趋势对中国经济学提出的要求。但是，另一方面，经济理论必须能够解决现实问题。中国经济学必须构建出理论框架，将当前中国所处的特定历史时期以及中国本身所具有的特殊文化传统囊括在内，进而形成抽象的普遍性理论。19世纪德国历史学派形成时的情况与中国经济学当下的情况相似，或许我们可以从中得到宝贵的经验。[2]

---

[1]　汪丁丁：《中国经济学还有待现代化》，《中国社会科学报》2012年6月11日，A5版。
[2]　贾根良、黄阳华：《德国历史学派再认识与中国经济学的自主创新》，《南开学报》2006年第4期，第89—97页。

1. 德国历史学派的经验

19 世纪的德国面临着实现国家统一、结束封建割据、扶持民族工业等问题，而当时主流的古典政治经济学对于德国的现实问题缺乏解释力。德国学者为了解决这些现实问题而产生了共识，形成历史学派：反对英国古典学派的抽象、演绎的自然主义方法、主张运用从历史实际情况出发的具体的实证的历史主义方法[①]。历史学派对经济学的发展作出了重要贡献，他们强调历史文化等非经济因素对经济发展的影响；强调对统计数据和历史资料的收集；提出经济发展的阶段论；在消除国家内部利益割据、实现民族工业发展、实现后发国家高速超过先进国家、实现社会公平与和谐等问题上提出了解决方法。历史学派曾在 19 世纪后半期到 20 世纪初期主宰德国经济学的发展，但 19 世纪 80 年代在历史学派与奥地利学派之间爆发的"方法论之争"，使得历史学派的命运发生根本转折，逐渐被人遗忘。而经济学自身也从此走上了科学主义的方向。虽然如此，历史学派对于后世还是有很大的影响。他们留下了经济学可能的方向，即"社会经济学"[②]；在德国，主流经济学的本土名称变为"国民经济学"，但德国仍然有一门本土经济学，即社会市场经济理论，或称为经学的秩序理论[③]。在美国，李斯特的学生建立了旧制度学派；而在当代，将制度分析与新古典主义相结合形

---

① 杨祖义：《德国历史学派的经济史学解析》,《中南财经大学学报》2001 年第 5 期,
　　第 69—73 页。
② 何蓉：《德国历史学派与 19 世纪经济学方法论之争的启示》,《社会》2005 年第 3
　　期, 第 167—185 页。
③ 沈越：《中国经济学建设与创新刍议》,《北京师范大学学报》(社会科学版) 2006
　　年第 5 期, 第 117—122 页。

成的新制度经济学成为经济学发展的新反向。贾根良等更是将德国历史学派作为现代演化经济学的思想先驱。[①]

历史学派反对抽象演绎主张历史归纳的方法论，使人误认为其是反理论的。但何蓉认为，历史学派虽然没有能够构建出真正的理论，但他们并不反对理论。恰恰相反，他们追求的是既有自然科学的精确性又能最大限度地包含真实因素的理论[②]。但精确性和广泛真实性这本身是矛盾的，由于人们的认识能力有限，精确性只能在一定范围内的广泛真实性下才有效。历史学派试图"完美主义"地追求能够同时实现这两个极端的理论，自然导致失败。

2. 历史学派对于中国经济学的启示

当前的中国与 19 世纪的德国有相似之处，两者都是经济与社会发展起步较晚，但自身的文化历史积淀厚重的国家；都面临着解决国内矛盾和追赶先进国家的压力；都在探索将主流经济学与本国现实相结合的方法。因此，对于中国经济学，我们可以从德国历史学派的经验中得到两点启示：

（1）新的理论派系必须有独特的思想基础

历史学派之所以能够成为独立学派，关键的一点是，他们站在了一个独特的思想基础之上，从而为经济学的发展辨明一个新方向。为强调本国的特殊性而反对抽象演绎主张历史归纳的方法，历史学派的

---

① 贾根良、黄阳华：《德国历史学派再认识与中国经济学的自主创新》，《南开学报》2006 年第 4 期，第 89—97 页。
② 何蓉：《德国历史学派与 19 世纪经济学方法论之争的启示》，《社会》2005 年第 3 期，第 167—185 页。

思想基础是浪漫主义和黑格尔的历史主义。虽然他们最终走向了罗列材料的极端，但客观上为经济学引入了新的方法。在"方法论之争"中，新古典经济学的科学主义倾向来自培根以来的经验主义传统和自然主义传统；而德国的学术传统中有将源于古希腊—罗马时代的所谓"古典精神"和经院哲学的思辨精神相结合而创造出"学问"的理想。在此氛围中，始自官房学传统的德国经济学，受哲学与法学影响较大，因此造成历史学派与崇尚"精密法则"的奥地利学派的对立。

由此看出，历史学派的研究方法及理论之所以能够独树一帜，非常重要的一点是其背后有深厚的哲学思想作支撑。而他们也正是抓住了经济学思想中某个缺失之处并对此进行补充发展，进而推动了经济学的发展。因此，中国经济学如果要独立成派，必须立足于本国的哲学基础，并且能够为经济学思想提供新鲜血液。中华文明五千年的文化积淀，包含了丰富的哲学思想，这是孕育中国经济学的土壤。但德国与英法等国同属基督教文化，因此他们即使哲学基础不同，但争论也是在一个"话语体系"之中；而中国是儒家文化的代表，由于"体系"不同，即使我们与西方有许多相似的哲学思想，也无法与西方直接"对接"。因此，中国学者在"挖掘"的同时还必须做好"对接"工作，这可能是所谓中国经济学"国际化"的真正含义。

（2）妥善处理抽象理论与现实应用的矛盾

德国历史学派为了强调理论的现实应用性，走向了两个极端：第一，否认普适性理论的存在，或者说构建不出能够包括所有真实因素在内的一般性理论；第二，为了达到最大限度的真实性，他们将无穷无尽的因素都纳入研究范围，堆砌起大量的资料，使这种最大限度真实的理论与普通的经验没有了区别。由此，我们必须吸取历史学派的教训，理论的抽象与现实的应用之间的矛盾必须妥善处理。但是深入思考会有一个疑问：有着深厚思辨传统的德国人怎么会在此问题上犯这种错误？难道这些当时的顶尖学者都没有思考过这个问题？

如果从"非正式规则"的角度来看这个问题，或许问题能够变得明朗。19 世纪的德国相对于英、法这样的统一的"国家民族"而言，是一个分散的"文化民族"。理想的或书面形式的统一虽然能够鼓舞人心，但人们意识到现实的政治更为重要，因此反理性的浪漫主义席卷当时的德意志①。正如哈耶克认为的那样，人类社会存在着自动自发形成的非正式规则以及人为制定的正式规则。这些非正式规则是人类社会文化演化的产物，比正式规则更具有决定性作用②。当时的历史学派认识到了这一点，强调从历史文化的特殊性出发，在历史中抽象出理论。可以想见，在封建割据、利益集团当道的那个时代，德国社会的政治和经济秩序是由古典政治经济学中根本涉及不到的"非正式规则"所决定。因此，我们可以将历史学派的努力理解为探寻非正式规则形成机制的努力。然而，非正式规则本身是为了克服客观世界的无限的复杂性而形成的协调机制，历史学派却试图反过来通过将所有

① 何蓉：《德国历史学派与19世纪经济学方法论之争的启示》，《社会》2005年第3期，第167—185页。

② 邓正来：《规则、秩序、无知——关于哈耶克自由主义的研究》，三联书店2004年版，第66—107页。

客观因素都归纳总结，而抽象出非正式规则的理论。但他们没有意识到人类的认识是有限的；并且归纳法本身的缺陷不能穷尽所有，这点其实也是由于人类认识能力有限造成的。因此，他们的努力必然遭到失败。

另外，历史学派或许也遇到了哈耶克理论中的矛盾，即如果承认个人理性在社会生活中的有限作用，那么为了反对理性主义而形成的理论本身不也成了它自己所批判的对象？因此，在"方法论之争"中，历史学派选择了"反理论"的路线，这多少有些反唯理主义的色彩。但我们认为，如本文第一部分所述，更深层次的原因是，社会科学理论所具有的"规律性"与"工具性"无法统一的矛盾。

在中国数千年的文明所积累的文化传统下，中国社会存在着远比正式规则更强大的非正式规则。吴思的《潜规则》描述了中国古代官场的非正式规则，但不仅在官场，商业、文化、学术等各行各业都存在着"潜规则"，而且它们往往比"显规则"更加具有决定作用。因此，"中国经济学"要做的不仅是在表层意义上，将中国社会现实的特殊性纳入理论分析框架，更有一点回避不了的问题是：如何研究非正式规则？新的理论如何实现规律性和工具性的统一？中国社会正经历前所未有的转型与变革，复杂的现实与深厚的历史传统交织在一起，为这些问题的研究提供了一个难得的鲜活样本。因此，中国经济学的定位应该是在研究解决中国现实问题的基础上形成对一般性经济学问题的深入解答。历史学派的经验值得借鉴。从本国的历史及现实出发，在独特的思想基础上，形成独特的理论学派；但是必须处理好抽象理论与现实应用之间的矛盾。

六、总结与展望

综上所述，当今中国改革面临的现实问题为经济学研究提供了鲜活的材料。如何实现强国富民？如何建立和完善社会主义市场经济？如何实现社会和谐与科学发展？这些问题的解决，需要将中国国情与一般经济理论相结合。不仅如此，中国的经验也必定能推动经济学理论的进一步发展。由此，"中国经济学"便呼之欲出。更深入地看，中国经济学必须解决好本体论的问题，在此基础上，才能正确把握"社会经济学"与"物质经济学"相分离、"规律性理论"与"工具性理论"相分离这两个经济学理论的变化趋势。而德国历史学派的经验值得借鉴：只有从本国的历史及现实出发，在独特的思想基础上，进而正确处理好抽象理论与现实应用之间的矛盾，才能形成独特的理论学派。

事实上，在美国经济崛起之时美国学派也与德国历史学派类似，批判当时主流的经济学理论，并形成了一整套保护主义的国民经济学说和政策方针。这是一种有关落后国家特别是发展中大国如何实行经济赶超的经济学说，对德国和日本的崛起也产生了重要影响。而对于当初的发家史，现在的美国主流经济学者却刻意回避或傲慢地将其作为异端，非常值得令人深思。[①]

---

① 贾根良：《美国学派：推进美国经济崛起的国民经济学说》，《中国社会科学》2011 年第 4 期，第 111—125 页。

　　许多人认为 21 世纪是中国的时代，而在现实推动下经济学理论本身也面临新变革，因此"中国经济学"担负着艰巨的历史使命。那么中国的经济学者是否能够胜任？中国学者的理想是随着现实的变化而升华的，从追求政治独立与解放，到追求物质自由，再到追求思想解放。而新一代的经济学研究者，在追求精神自由的理想下，肩负历史使命，必将冲破名利的诱迫、体制与文化的局限，构建出名副其实的"中国经济学"，从而解开自我的枷锁、解开国人认识上的枷锁、解开全人类认识上的枷锁，推动中国经济学屹立于世界经济学之林。

（本文与孙懿合著）

中国经济模式与中国经济学

2008 年全球金融危机使中国经济发展方式中的结构性问题又一次凸显——国内有效需求不足；经济增长过于依赖资源扩张型的投资推动；外贸依存度过大，等等。这些结构性问题早在 1997 年亚洲金融危机时既已有之，然而十余年之后，问题非但没有解决，反而更为扩大。虽然骄人的 GDP 增长数字足以让中国经济堪称"奇迹"，但在结构性问题更为凸显的情况下，这种奇迹的可持续性也越来越令人怀疑。由此，中国经济发展方式转型日益成为一种普遍共识，"转型"问题也成为当前的讨论热点。

为何过去"转型"的探讨在某种程度上仅为纸上谈兵，结构性问题在现实中依然得不到有效解决，反而更为加剧？在当前危机过后又一次"转型"的机遇下，如何避免类似情况再次出现？

导致这种现象出现的深层次原因之一是西方主流经济学理论范式的影响。西方主流经济学虽然具有形式上的科学性，但其分析框架具有以下局限性。（1）偏重技术分析，而忽略制度和历史分析。西方主流经济学立足于发达国家相对成熟完善的市场体系、国家制度以及社会结构的现实，因而技术性的分析在现实中更有意义。正因为如此，制度被当做外生假定条件，历史分析则在"方法论之争"后逐渐淡出。（2）西方主流经济学在客观上只代表发达国家的单方利益。西方主流经济学脱胎于西方国家的价值观念和文化传统，无形中代表了西方发达国家的利益，并附带着输出西方的价值与意识形态。

简单套用西方主流经济学，显然会误读中国经济的现实，形成不了正确的决策。例如，简单套用凯恩斯宏观理论分析中国面临的内需不足问题，在中国当前财政体制改革未完成、社会保障体制不健全的现实中，政府用赤字财政扩大投资，往往主要刺激了生产资料行业的投资，进而更加剧了产能过剩；如果赤字财政用于扩大居民收入，由于中国没有完善的个人所得税机制和工会对资本的制衡机制，简单地增加工资往往加到了机关事业单位及国企职工身上，城乡居民之间以及城市居民之间的收入差距反而增大；如果采取积极的货币政策，在原本产业结构不合理的情况下，单纯的信贷扩张带来的巨大信贷资金，流入生产资料行业投资则更加剧产能过剩，流入股市、房市成为投机资金则加剧金融风险。这些问题在中国的现实决策中都有发生。因此不难看出，西方主流经济学理论，容易将制度和历史分析忽略，从而无法深刻理解中国现实，进而不能科学指导现实中的经济决策。这是造成过去十年中国发展中结构性问题得不到解决的原因之一。

当前中国正面临新的转型机遇，我们必须避免这种情况再次发生。一方面，对中国经济模式必须有正确的解读而不能误读，从而形成正确的转型目标；另一方面，要使这种目标真正影响现实中人们的行为，使国内外各种决策者（政府、企业、个人）都能朝正确的方向行动，则必须改变他们根深蒂固的传统观念。而要做到这一点，必须革新现有经济学理论范式，形成有利于中国经济可持续发展的话语体系。因此，构建能够深入解释现实、指导实践并具有创新理念的"中国经济学"，成为当务之急。

一、中国经济模式与中国经济学

1. 中国经济模式的研究

对于中国经济模式的研究，现有的文献主要从技术、制度和历史的角度进行总结。

（1）从技术角度研究中国经济发展模式。中国经济过去 30 多年的高速增长，可以归因于后发优势与劳动力比较优势的充分发挥。林毅夫等认为，中国经济奇迹根源于劳动力比较优势的充分发挥。中国根据自身的资源禀赋结构，选择相应的技术结构并制定合理的发展战略，从而能够充分发挥自身比较优势。[①] 但克鲁格曼从全要素生产率（TFP）分析，推断东亚经济基本靠要素投入增加，而与技术进步无

---

① 林毅夫、蔡昉、李周：《中国的奇迹：发展战略与经济改革》，上海三联书店 1994 年版。林毅夫、蔡昉、李周：《比较优势与发展战略——对"东亚奇迹"的再解释》，《中国社会科学》1999 年第 5 期；林毅夫：《新范式下的现代经济学》，《中国金融》2007 年第 9 期；林毅夫：《比较优势与中国经济发展》，《经济前沿》2005 年第 11 期。

关，所以并无"东亚奇迹"。[①] 我国经济发展模式的研究受此影响，开始关注技术进步及可持续性的问题。然而，"克鲁格曼批评"遭到很多学者的批驳。林毅夫、任若恩总结了这些批判性的观点后指出，由于全要素生产率低就认为经济增长不存在技术进步是一种误解。不能简单地根据克鲁格曼对"东亚经济奇迹"的批评来评论我国的经济发展经验，并作为讨论我国未来经济发展模式的依据。在他们的文章中，提到陈坤耀（Edward K. Y. Chen）清楚地区分了技术进步与全要素生产率增长的区别。技术进步包括资本投入融合型（embodied）和非资本投入融合型（disembodied）两类。全要素生产率实际上代表非资本投入融合型的、希克斯中性的技术进步。[②] 王小鲁、樊纲、刘鹏考察了中国经济增长方式正在发生的转换，发现改革开放以来我国全要素生产率呈上升趋势，最近 10 年在 3.6% 左右，并预测了中国增长的可持续性。[③]

（2）从制度角度研究中国经济发展模式。姚洋构建了由地方分权、泛利性（encompassing）政府以及实践的务实主义为关键要素的模型，来解释中国的意识形态和制度的演变过程。中央分权予地方，在发展经济的共识下，理性的地方政府能够不断尝试制度创新；而代表全体人民利益的泛利性的中央政府，在对这些创新的容忍中，会找到原先

[①] P.Krugman，"Myth of Asia's Miracle"，*Foreign Affairs*，Vol.73，No.6，1994.

[②] 林毅夫、任若恩：《东亚经济增长模式相关争论的再探讨》，《经济研究》2007 年第 7 期。

[③] 王小鲁、樊纲、刘鹏：《中国经济增长方式转换和增长可持续性》，《经济研究》2009 年第 1 期。

意想不到的"惊讶",这会改变中央政府的意识形态从而将有利于经济发展的制度创新渐进地推行。[1]张五常认为,中国从中央到地方层层包干,地方政府(主要是县级)成为参与市场竞争的行为主体。它们以"租"的最大化为目标,相互竞争推动了中国经济的快速发展。[2]史正富从新政治学角度研究认为,中国的改革不是"转型",而是"自主制度创新"。中国改革的治理结构是三元的,分权后的决策者包括最高决策者、中央政府和地方政府。在此基础上,中国形成了独特的三维市场体系,行为主体包括企业、中央政府和地方政府。其中,地方政府的功能是双重的,除了一部分政府职能外,另一部分是帮助企业发展,参与市场竞争,推动地区经济,从而推动全国经济高速增长。[3]

(3)从历史角度研究中国经济发展模式。高柏从全球化演进的角度,用经济社会学理论,解读"中国模式"。他认为,中国发展模式的兴起不仅反映了全球化新阶段的不同历史条件,而且也继承了中国自鸦片战争以来对外关系方面的历史遗产。[4]当全球化的钟摆运动出现回摆时,研究中国经济发展模式可以沿着经济社会学制度学派的三个方向探索:理性的社会建构和认知在社会建构过程中的作用;国家建设与市场建设的互动过程;非市场治理机制的作用。[5]

---

[1] 姚洋:《作为制度创新过程的经济改革》,格致出版社 2008 年版。
[2] 张五常:《新卖桔者言》,中信出版社 2010 年版。
[3] 史正富:《史无前例 30 年:"中国奇迹"的政治经济学》,格致出版社 2008 年版。
[4] 高柏:《新发展主义与古典发展主义——中国模式与日本模式的比较分析》,《社会学研究》2006 年第 1 期。
[5] 高柏:《中国经济发展模式转型与经济社会学制度学派》,《社会学研究》2008 年第 4 期。

2. "中国经济学"的研究

对于"中国经济学"的探讨，总共可以归为三次大讨论。最初的大讨论始于王亚南先生。60 多年前，他就大力倡导建立中国经济学，并身体力行，留下大量重要著作。这是中国的思想先驱在半封建半殖民地的现实下，以及救国图新的实践中，探索独立自主经济理论框架的第一次努力。第二次大讨论是在 20 世纪 80 年代后期到 90 年代中期，以樊纲对"苏联范式"的批判为代表。[①] 这次讨论是学者们在中国进入改革开放新阶段的现实下，以及经济体制转轨的实践中，摒弃陈旧的理论范式，引进西方先进理论方法，构建适合中国的现实与实践的理论范式的第二次努力。第三次大讨论是从 21 世纪初至今，从林毅夫倡导经济学中国本土化、规范化、国际化，[②] 到程恩富总结中国经济学要以"马学为体、西学为用、国学为根"等，[③] 其间出现了大量研究中国经济学的文献。这次大讨论的现实背景是中国一边"转型"，一边又保持经济高速发展，在世界经济中的重要性逐步提高。这对改革与发展的实践提出了新的挑战。鉴于现有主流经济学已不能很好地解释现实并指导实践，因此本次大讨论可以看作，在中国崛起及国际政治经济秩序重构的现实下，学者们为发展适合中国现实性与文化特性的经济学理论，为构建中国自身的经济学"话语体系"而作出的努力。

[①] 樊纲：《"苏联范式"批判》，《经济研究》1995 年第 10 期。

[②] 林毅夫：《本土化、规范化、国际化——庆祝〈经济研究〉创刊 40 周年》，《经济研究》1995 年第 10 期；林毅夫：《经济学研究方法与中国经济学科发展》，《经济研究》2001 年第 4 期。

[③] 程恩富、何干强：《论推进中国经济学现代化的学术原则——主析"马学"、"西学"与"国学"之关系》，《马克思主义研究》2009 年第 4 期。

在这三次讨论中，学者对"中国经济学"中"中国"二字的解读，可以总结为三种含义：地缘政治、特定历史时代或特殊的文化范式。这种多层次的解读，代表国人对"中国经济学"深厚的期待。

应该说，前人对于中国经济模式与中国经济学的研究虽然分别处于两条主线，但存在内在联系。中国经济模式研究主要分析中国经济现实情况，而中国经济学则强调理论范式的更新。由于在分析中国经济现实的研究中，深入制度和历史层面后，西方主流经济学缺乏解释力，因而革新理论范式，建立中国经济学就成为必然需要。虽然这两个话题都是热点，但将它们联系起来考虑的研究很少。在当前中国经济模式"转型"的关键时期，构建能够解释现实的经济学新理论范式比以往尤为重要。因为正确解读中国模式，明确"转型"目标以及话语权的争夺，都需要突破传统经济理论范式。

二、中国经济模式的解读

首先，正确解读中国经济模式需要突破传统理论范式，构建包括技术、制度和历史分析的框架，这是构建"中国经济学"的理论需要。

改革开放以来，中国经济取得了奇迹般的发展。[1] 在物质生产力方面，中国的经济规模和经济效率都大幅提升，1979 年至 2008 年中国实际 GDP 平均增长率接近 10%，人均 GDP 增长 10 倍多；根据购买

---

[1] 林毅夫：《中国经济过去 30 年只能用奇迹来形容》，《创新科技》2009 年第 11 期。

力平价计算，中国占世界 GDP 的份额为 10.8%，仅次于美国居世界第二。[①] 1978 年至 2008 年，平均每天创造的国民总收入增长 81 倍。[②] 在生产关系方面，社会主义市场经济体制基本建立，宏观调控体系（包括财政、货币及社会保障体制）及市场体系（包括商品、要素和产权等诸多市场）的初步建立，理顺了政府、企业及个人的经济关系；在社会结构方面，农村与城市实现深刻的制度转变，激发起劳动、资本、土地等要素的活力，使工业化与城市化相互促进，推动二元经济结构逐步转变。[③] 然而，在令人瞩目的成就的另一面，中国经济面临以下巨大挑战：（1）以资源消耗及环境破坏为代价的经济发展模式面临着可持续性的问题；（2）对外贸易依存度过大导致自身的经济发展受制于他人；（3）过分强调"效率"而忽略"公平"的发展观念导致贫富差距扩大，社会冲突加剧，社会稳定面临挑战。

从技术角度看，中国经济过去 40 年的高速增长，可以归因于劳动力比较优势与技术后发优势之潜力的充分挖掘。因此，中国在发挥劳动力比较优势取得增长时，不仅靠资源投入扩张规模，而且技术进步（包括引进外部先进技术以及内部研发技术）也起到重要作用。具体到现实层面：比较优势的充分发挥，使中国沿海的集群产业逐渐嵌入垂直分工的全球价值链体系（Global Value Chain，GVC）。[④] 在此过程

---

① 刘霞辉、张平、张晓晶：《改革年代的经济增长与结构变迁》，格致出版社 2008 年版。

② 中华人民共和国国家统计局：《中国统计年鉴 2009》，中国统计出版社 2009 年版。

③ 吴敬琏：《当代中国经济改革教程》，上海远东出版社 2010 年版。

④ G. Gereffi，Beyond the Producer-driven/Buyer-driven Dichotomy：The Evolution of Global Value Chains in the Internet Era，*IDS Bulletin*，Vol.32，Issue 3，2001.

中，一方面，资本（包括国内资本和FDI）、劳动以及其他资源被源源不断地卷入全球分工的国际生产体系之中，使中国的经济规模持续扩大。另一方面，出口加工贸易以及外商直接投资带来了外部的先进技术，加上国内产业内生的技术进步，使中国的经济效率迅速提升，从而带来了中国经济30多年高速发展的奇迹。但是，这三者仅仅是技术上的"应然"，它们为何就一定会成为现实呢？这就需要从制度层面来看。导致这三者由技术的"应然"成为现实的"必然"的是，1978年以来在"以发展经济为第一要务"的改革共识下渐进的适应性制度创新。从历史角度看，这种"改革共识"又是由60多年新中国建设经验以及近200年以来中华文明复兴图强的愿望所决定的。（见图1）

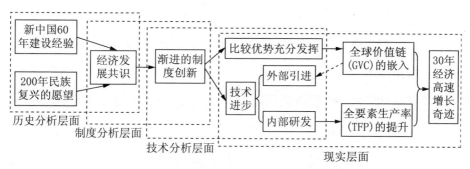

图1　中国经济奇迹的技术、制度、历史分析框架

综上所述，当前的中国经济发展模式可以理解为：在中国复兴图强的历史环境中，发展经济成为举国上下的共识；于是中央和地方政府推动渐进的制度创新，不断放宽对资源利用的制度约束，进而使比较优势以及内生、外引的技术进步得以实现。劳动力比较优势的充分发挥使中国的产业嵌入全球价值链之中，中国逐渐成为世界工厂；而内部生成和外部引进的技术进步又促使经济效率提升，这两点在现实中决定了中国经济奇迹产生。

然而，在西方主流经济学理论范式下，经济被简化为技术性的指标；进而在许多人的心中形成"唯 GDP 主义"，将人们对发展的渴望引向了对经济指标的渴望，注重短期利益而忽视长期利益的做法带来了环境问题和社会公平问题。在经济增长方面，仅靠资源动员型的规模扩张来拉动短期经济扩张，而忽视技术进步对长期经济发展的重要作用；在社会治理方面，只注重经济效率而忽视法制和民生的建设。因此，必须推动经济发展模式转型。而在思想层面，要改变人们的观念，必须构建"中国经济学"。

三、中国经济模式转型与中国经济学范式转变

要正确解读中国经济模式及其转型，经济学理论必须具有现实解释力。这是构建"中国经济学"的现实需要。

那么中国经济发展模式到底向何方向转型？首先，单纯靠资源投入而取得的增长肯定不能维持多久；而由引进外部先进技术（资本投入融合型创新）所促进的增长，也会随着先进国和落后国技术差距的缩小而逐渐减弱，另外，从经济利益出发，先进国也不可能轻易将其所掌握的高附加值的核心技术转移给落后国。因此，在长期中，只有内部研发技术（非资本投入融合型创新）才是经济增长可持续性的保证。从整体来看，资源扩张和技术的跨国转移其实都没有改变技术本身的状态，但都动员了新的资源投入，两者的区别仅仅是跨出国界与

否。所以，我们将以这两者为主要增长动力的模式称为"资源扩张型增长"。相反，由经济体内部研发所导致的技术进步，是将技术深入推进的结果，我们将这种技术进步所支撑的增长模式称为"技术深化型增长"。因此，经济发展模式转型的方向就是从"资源扩张型增长"转变为"技术深化型增长"。

经济发展模式向技术深化方向的转型遵循了分工理论、价值链理论和创新理论的发展逻辑。

（1）古典经济学的分工理论揭示了分工的三个方面的经济效应：专业化效应、低成本效应以及技术进步效应。[1]中国经济增长过去主要依靠低成本进而专业化的比较优势，而未来要充分发挥分工基础上的技术进步效应。杨小凯指出，古典经济学家如威廉·配第、杜阁、亚当·斯密等，关注的焦点是分工对经济发展的含义，可以总结为斯密定理，即分工是经济增长的源泉，分工依赖于市场的大小，市场的大小又取决于运输的条件。此外，古典经济学还包括关于专业化与货币出现之间内在联系的猜想，关于投资是提高迂回生产过程中分工水平的工具的资本理论，关于"看不见的手"是协调分工网络的观点。[2]中国在过去40年中，正是因为积极参与国际分工，主动吸收加工制造产业的向内转移，才有了令人瞩目的经济成就。至今，中国已经利用廉价劳动力的优势打开了世界市场的大门，由此而来的专业化产业集群也已在中国出现；因此下一步，发挥分工基础上的技术进步效应，

---

① 亚当·斯密：《国民财富的性质和原因的研究》，郭大力、王亚南译，商务印书馆1974年版。

② 杨小凯：《发展经济学——超边际与边际分析》，社会科学文献出版社2003年版。

将成为未来经济发展的动力。

（2）全球价值链理论则进一步表明，当今的国际分工格局是在价值链体系的基础上形成的。中国的集群产业主要嵌入零部件生产、加工制造和装配等低附加值环节，而上游的研发、设计和下游的市场营销、品牌等高利润的环节则被国外企业所控制。因此，从中观的角度，中国的集群产业必须根据自身特点分别向上游和下游的高附加值环节拓展，这样才能真正解决当前中国的外贸依存度过大、居民收入水平相对不高以及内需不足等问题。

从 20 世纪 80 年代至今，价值链理论经历了一个逐步拓展的过程。波特首先提出公司价值链理论；[①] 而寇伽特（Kogut）从国家比较优势和企业竞争力的角度提出价值增值链条的观点；[②] 克鲁格曼从价值链条的片断化和空间重组角度研究了企业将内部各个价值环节在不同地理空间进行配置的能力问题；[③] 在 20 世纪 90 年代，格雷菲（Gereffi）和其他研究者将价值链概念与产业的全球组织联系起来，提出了全球商品链（Global Commodity Chain，GCC）概念。2000 年，他们用全球价值链（GVC）替代了 GCC 的概念。其核心观点是一个最终产品的生产过程，可以划分成多个增值环节，真正创造价值、决定企业（区域）经营成败和效益的活动，只是价值链上的产品开发、工艺设计、市场

---

① Michael E. Poter，"Cluster and the New Economics of Competition，" *Harvard Business Review*，Nov-Dec，1998.

② B. Kogut，"Designing Global Strategies：Comparative and Competitive Value-added Chains，" *Sloan Management Review*，vol.26，no.4，1985.

③ P. Krugman，"Growing World Trade，" *Brookings Papers on Economic Activity*，1995.

营销、信息技术或者物流管理等"战略环节"。①

　　根据价值链理论，当前散布于全球的、处于全球价值链上的企业进行着从设计、产品开发、生产制造、营销、出售、售后服务等各种增值活动，如图2所示。上游环节（如研发、设计）和下游环节（如市场营销、品牌）等在价值链中创造出较高的附加值，而中间环节，如零部件、加工制造、装配等环节在价值链中创造出较低的附加值。在全球经济利润的这块"巨大蛋糕"上，利益分配是非均匀的，创造高附加值的环节的集群产业分得超大比例的收益，而创造低附加值环节的集群产业则收益微薄。

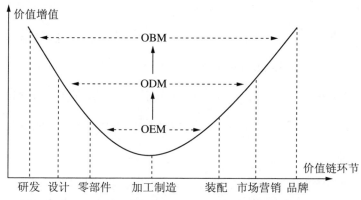

图2　价值链增值的U形曲线及产业升级的方向

　　中国在大多数产业中，利用劳动力的比较优势已成功嵌入全球产业链的加工制造、零部件及装配等环节，形成以OEM（original equipment manufacturing）即贴牌生产为主的格局。在这一格局下，中

①　G. Gereffi，J. Humphrey，T. Sturgeon，"The Governance of Global Value Chain: An Analytic Framework," *Review of International Political Economy*，vol.12，no.1，2005.

国每年进口大量原材料，加工成商品之后再出口到世界其他地区。由于处于全球价值链的中间环节，产品的附加值与上下游环节相比要小很多，产品的大部分利润被上下游环节所占有。这样，在消耗大量的资源并付出无数劳工的血汗之后，中国的 GDP 虽然非常可观，但是企业利润低微，劳动者的收入也无法提高，因而实际的社会福利增进有限。

因此，从中观的产业角度看，中国经济增长方式的转变，就是从当前低附加值的中间环节，向高利润的上下游环节拓展。国内许多学者主张集群产业升级的路径如下：在利用劳动力比较优势打入全球价值链的低端环节，为拥有强大品牌优势和技术研发实力的发达国家提供 OEM 之后，再利用代工过程中积累的资本和技术进行产业结构调整，一边自行设计创新产品，一边为全球旗舰企业提供模块化的原始设计制造（original design manufacturing，ODM），逐步沿着全球价值链向上攀升，直至开创自有品牌的原始品牌制造（original brand manufacturing，OBM），即沿着从 OEM 到 ODM 再到 OBM 的路径拓展（见图 2）。[①]

当集群产业占据研发、设计、市场营销以及品牌等高利润的环节之后，一方面，单纯依靠资源扩展的经济发展模式自然能得以转变；另一方面，由于产品附加值增加，不仅企业的利润率增加，而且单位劳动的产出也上升，从而劳动者收入上升，经济增长带来社会福利增

---

① 梅丽霞、蔡铂、聂鸣：《全球价值链与地产产业集群的升级》，《科技进步与对策》2005 年第 4 期；贾生华、吴晓冰：《全球价值链理论与浙江产业集群升级模式研究》，《技术经济》2006 年第 4 期；王珍：《全球价值链中的地方产业集群升级》，《国际经济合作》2006 年第 4 期。

加；此外，国内居民收入增加，还能增加消费扩大内需，降低经济的对外依存度。

（3）创新理论揭示了创新是产业升级、增长方式转变的具体方式。只有创新带来的技术进步才是经济长期增长的源泉；因为处于高附加值的价值链上下游的厂商不可能主动将其核心技术拱手相让，中国企业只有依靠自主创新才能真正打开通往经济转型的"机会窗口"。

熊彼特认为，"创新"是指企业家对生产要素的新组合，即把一种从来没有过的生产要素和生产条件的新组合引入生产体系之中，"建立一种新的生产函数"，目的是为了获取潜在的利润。按照熊彼特的定义，可以明确地将经济发展与创新视同一物，称经济发展"可以定义为执行新的组合"。这种新的组合包括：一是生产新的产品，即产品创新；二是采用一种新的生产方法即工艺创新或生产技术创新；三是开辟一个新的市场，即市场创新；四是获得一种原料或半成品的新供给来源，即材料创新；五是实行一种新的企业组织形式即组织管理创新。① 另外，熊彼特认为，创新的过程是一个创造性的破坏过程，在创新的持续过程中，具有创新能力和活力的企业蓬勃发展，一批批老企业被淘汰，一批批新企业在崛起，促使生产要素实现优化组合，推动经济不断发展，再加上"创新"是多种多样、千差万别的，其对经济发展的影响就有大小、长短之分，这就形成了发展周期的升降、起伏和波动。②

---

① 约瑟夫·熊彼特：《经济发展理论》，何畏等译，商务印书馆1997年版。
② 约瑟夫·熊彼特：《经济周期循环论》，叶华编译，中国长安出版社2009年版。

可见，熊彼特的创新是与全球价值链的环节相对应的，产品创新涉及价值链上游的研发和设计环节，市场创新涉及价值链下游的市场营销和品牌环节，生产技术创新和材料创新则主要涉及中间环节。在当前的全球价值链体系中，中国主要处于低附加值的环节，以低成本优势接纳国外领先企业的非核心技术，而它们的核心技术是不会拱手相让的。文嫣、曾刚以中国上海的集成电路业（IC）产业升级为研究对象，发现上海的 IC 企业虽然从全球价值链中的主导企业获得了一些学习机会，在某些方面成功实现了过程升级和产品升级，但是另外一些"过程升级"却被压制了。他们认为，价值链治理者——全球的领先公司，对地方企业升级的推动或阻挡，决定于地方企业的升级行为是否侵犯了其核心竞争力，而不是决定于升级的"类型"。领先公司为了自身的利益，会推动地方产业或企业实现不侵犯其核心权益的非关键性升级。而一旦地方企业或产业升级行为侵犯了领先公司的核心权益，不管是"产品升级"、"过程升级"、"功能升级"，还是"链的升级"，都会被领先公司所阻挡和压制。[1] 由此可见，中国企业要掌握全球价值链中高附加值环节的核心技术，必须通过自主的技术进步，形成某种"创造性破坏"，改变原有的竞争优势。只有这样，才能打开通往产业升级的"机会窗口"。[2]

综上所述，"分工—价值链—创新"对于中国的发展逻辑如下：斯密定理阐明了分工是经济增长的源泉，中国已经在国际分工的参与中

[1]　文嫣、曾刚：《全球价值链治理与地方产业网络升级研究》，《中国工业经济》2005 年第 7 期。

[2]　陆德明：《现代世界体系中的中国发展》，格致出版社 2008 年版。

取得经济的高速发展；而全球价值链理论则揭示出，中国当前主要处于价值链的劳动密集型中间制造环节，中国集群产业必须向价值链的两端拓展。而从创新理论角度看，对于上游的研发、设计以及下游的市场营销、品牌等环节的拓展，必须依靠自主的技术创新和制度创新，因为占据利润制高点的领先企业，不可能将它们的核心技术拱手相让。可以想见，当中国的企业能够逐渐掌握升级的核心技术，进而集群产业都向价值链中高附加值环节拓展，改变"两头在外"的格局，那么中国经济的发展模式自然能沿着可持续的方向发展。

因而，当前中国的发展模式可以总结为由"资源扩展"向"技术深化"转型，这一转型必须依靠自主的技术进步；而这又取决于制度的合理安排，从而要依靠制度创新。从历史的角度看，如果说过去30多年在"发展经济"的共识下，改革带来了经济奇迹，那么，今后若能形成"推动技术和社会进步"的共识，更深入的制度创新则能带来可持续的并且增进社会福利的经济增长，进而创造新的经济奇迹。所以，在"发展"共识的基础上建立"进步"的共识，是中国经济发展模式转型的关键。

经济学起着解释经济现实并指导实践的作用，取得"进步"的共识应该责无旁贷。而对于中国经济的研究，脱离不了技术、制度、社会和历史的分析，因而构建有足够现实解释力的"中国经济学"，对于发展模式转型的中国显得尤为重要。

四、中国经济学的话语权问题

在经济全球化的当今世界，经济学的话语权往往对国家的政治经济利益有重要影响。随着多年的高速增长，中国的经济地位今非昔比，相应的国家利益也随之改变。在西方主流经济学话语体系下，中国日益增长的经济利益无法保证。例如，在 CO_2 减排、铁矿石定价权、人民币汇率等问题中，在这些国家间现实利益的博弈中，中国如果没有自己的话语权，将始终处于被动地位。这是构建"中国经济学"的政治需要。

国家地位的变化导致经济学话语权的争夺。当前在全球化的背景下，中国经济的崛起引发国际政治经济秩序重构，这导致经济学话语权的争夺。

首先，主流经济学的语调根据发达国家的利益而改变。高柏认为，在全球化的钟摆运动中，主流经济学的理论范式在主张释放市场力量与主张构建社会公平之间摆动。当全球化程度上升时，主张释放市场力量的自由主义和新自由主义等意识形态大行其道，成为影响政府政策范式的主要思潮；而当全球化逆转阶段，主张政府干预、限制市场力量的意识形态则占上风。[1] 对于这种现象的原因，他

[1] 高柏：《中国经济发展模式转型与经济社会学制度学派》，《社会学研究》2008 年第 4 期。

认为："当前全球化生产方式的兴起，以中国和印度为代表的发展中国家通过参与全球生产方式，不仅带动了本国经济的发展，而且还实现了迅速的产业升级换代。而全球化的一个后果是发达国家在技术和资本方面的比较优势持续减弱，它们在国际分工中面临着来自发展中国家日益增长的挑战，自由贸易不再对发达国家有利。"随着产业的转移，发达国家国内传统产业的就业逐渐转向国外，这样发达国家内部失业率上升，社会不公平加剧。因此在理论和政策上，随着全球化形势由上升到下降的逆转，政府干预和贸易保护主义将取代自由主义。①

2008 年全球金融危机以来的事实证明了高柏研究的正确性。但我们认为，经济理论及政策上的"自由主义"与"保护主义"的更替，并不是由全球化程度的波动决定，而是由各国的国家利益所决定的。如果全球化符合某个国家的国家利益，那么即使全球化程度下降，这个国家的理论基调也不会改变；相反，如果某个国家的利益在全球化上升中受损，那么其理论基调必定是反自由主义的。在欧美等发达国家为学术中心的时代，当全球化与发达国家利益相一致时，自由主义的理论与政策占主导地位；当全球化与发达国家利益不一致时，保护主义的理论与政策成为主流。在西方主流经济学的话语权体系下，经济学语调改变主要也是为其利益服务的，如果中国的利益与发达国家冲突，则我们选择任何语调都是被动的。

---

① 高柏：《2008 全球化选择：释放市场，还是保护社会？》，《21 世纪经济报道》2008 年 1 月 7 日，第 38 版。

其次，当前中国经济的崛起，是在全球分工日趋加深的背景下产生的，全球化加深对中国有利；与此相反，欧美发达国家的经济地位却在全球化加深的趋势中日益下降，主流经济理论在原先固有范式下，必定要向保护主义的方向发展。中国崛起这一突变性的现实因素，在旧的范式之下，必定被重新卷入对国际政治经济旧秩序有利的循环之中。因此，需要构建有利于中国的经济学理论及政策范式，解释中国崛起的现实，并指导中国的改革实践。

由此，构建"中国经济学"的现实必要性和紧迫性跃然而出：新技术革命以及全球化浪潮导致中国崛起而传统强国衰落，这是一种新的突破因素导致的现实结构变化。西方主流经济学在旧的理论范式内解释新的现实并作相应调整，由此而来的政策框架如故，改变的仅仅是政策实施的力度。这些做法将使新的突破因素被重新纳入旧的循环，如果没有新的理论及政策范式，对于中国有利的新循环就不可能演化出来。而"中国经济学"则代表了对中国有利的经济理论和政策范式，它是重构有利于中国崛起的国际政治经济新秩序的必要条件。这种"有利"，并不是像旧有理论范式思维所想象的那样是对中国"单边的有利"，而是一种谋求"多赢"的"多边的有利"。构建中国经济学的新思维与旧有理论思维的"论战"，并非一种基于意识形态或国家民族主义的争论。这场不可避免的争论将是一场"视角"的论战，以帮助人们找到新的多赢视角为目的，进而构建新的有利于全人类的国际政治经济格局。这可以看作全球范围的"解放思想"。

综上所述，中国当前面临经济发展模式"转型"，但是使"转型"在现实中取得成功的一个必要条件就是构建"中国经济学"。因为中国模式的正确解读需要理论范式的革新；而"转型"目标的确立需要经济学理论具有现实解释力；中国经济地位改变后话语权的争夺需要新的话语体系。因此，中国经济模式的"转型"从理论、现实和政治三方面，呼唤经世济民的"中国经济学"的诞生。

中国特色政治经济学研究的几个问题

一、引　言

研究中国特色政治经济学只有从传统的马克思主义政治经济学出发，才能洞悉中国特色政治经济学要研究和探讨的问题及发展趋势。

马克思主义政治经济学在中国的传播和发展经历了不同的时期，而且在不同时期又表现为不同的内容和具体形式。从总体上看，包括两个方面，一是马克思主义政治经济学在中国的实践和应用；二是马克思主义政治经济学与中国具体的历史的现实条件相结合而衍生出的对马克思主义经济学的拓展和新解，具有代表性意义的就是中国特色经济理论。

对马克思主义政治经济学最早的认识和传播可以追溯到 20 世纪初，沈志新从 1933 年就开始对中国社会主义经济理论进行研究和探讨，是最早研究中国社会主义经济理论的学者。孙冶方、卓炯等是新中国成立后第一批真正结合社会主义实践研究马克思主义政治经济学的。老一辈经济学家的研究主要集中在叙述资本主义经济关系的典型形式和本质特征的经济学对象上的理解，也有以研究资本主义经济关系的特殊形式和现实特征的经济学对象上的理解；实质上是以马克思主义政治经济学范式对现实问题的"苏式阐释学"。改革开放后，曾经被奉为体系圭臬"苏联范式"的经济学体系的教条阐释和机械搬用受到现实的严重质疑，主要是传统政治经济学的严重脱离现实、轻生产重分配、缺乏定量分析和实证研究等。众所周知，任何理论的任务都是揭示客观经济规律，进而通过理论指导实践。经济学也不例外，然而，认识规律并非易事。毛泽东说过："要认识事物发展的客观规律，必须进行实践，在实践中必须采取马克思主义的态度来进行研究，而且必须经过胜利和失败的比较。"[1] 他接着指出："规律自身不能说明自身。规律存在于历史发展的过程中。应当从历史发展过程的分析中来发现和证明规律。"[2] 正是因为"苏联范式"的严重脱离实际，其理论严重误导了实践，并且对中国的社会主义事业造成了不可挽回的损失。孟昭元就指出新中国成立以后，经济理论研究直接发端于苏联的理论模式，核心是论证社会主义公有制的优越性，而对我国经济实际情况的考察，在相当长的时期内没有得到重视。[3] 因为改革开放前，国内以及从苏联引进过来的很多"教科书"式的"主流"经济学理论并不

---

[1] 《毛泽东文集》第 8 卷，人民出版社 1999 年版。

[2] 《毛泽东著作专题摘编》，中央文献出版社 2003 年版。

[3] 孟昭元：《关于构建中国特色社会主义经济学的两个问题》，《经济纵横》1994 年第 12 期，第 13—16 页。

是直接来源于社会主义经济建设的实践，很多貌似真理的研究结果实际上在研究之前就已经被导向性地确定了。当社会主义经济建设严重受挫时，我们开始反思这种理论的正当性与合理性，于是我们依据现实对理论加以考察时，就能看出那个时期我们所追寻的理论，很多明显地与经验事实不符或者是直接冲突的。沈立人也指出，新中国成立后，在漫长的岁月里，传统政治经济学影响深远，对于坚持计划经济，起到了难以估量的规范效应。① 这种规范效应对中国社会主义事业造成的损失也是难以估量的。

改革开放后，国内经济学界开始反思传统马克思主义政治经济学的现实指导意义，正如杨承训等指出的那样，为了深化中国特色的经济学研究、认识中国经济发展的特殊规律，必须进行多向的比较分析，才能看到中国特色社会主义建设道路是正确的。② 王晓林进一步指出，正像当初斯密的经济理论首先是面向英国人和英国经济问题，萨伊的经济理论首先是面向法国人和法国经济问题，李斯特的经济理论首先是面向德国人和德国经济问题，克拉克的经济理论首先是面向美国人和美国经济问题那样。③ 因此，中国特色政治经济学应该在理论基础上来源于中国自己的实践经验，指导中国自己的实践，并解决中国自己的问题。与此同时，国内的经济学研究开始把马克思主义政治经济

① 沈立人：《跨世纪的中国经济学》，《经济学家》1998 年第 2 期，第 36—39、126 页。
② 杨承训、张新宁：《拓宽中国特色社会主义经济学的研究视野——从多向比较揭示规律性》，《经济经纬》2004 年第 5 期，第 1—6 页。
③ 王晓林：《新中国 60 年经济理论探索与展望》，《现代财经》（天津财经大学学报）2009 年第 10 期，第 3—6 页。

学理论范式与西方经济学理论范式进行了糅合，开始注意吸收和运用西方经济学理论、概念及其前沿动态来分析、研究中国自己的问题，并尝试从多维的角度考虑中国经济发展过程中的现实问题，不仅重视规范研究，而且重视实证研究。由此，形成了经济改革论、经济制度论、市场经济论、科学发展论和对外开放论等一系列卓有成效的经济理论，这些理论在现实中也得到了验证。

当然，中国特色政治经济学理论体系形成，可能为时尚早。但不可否认，中国经济学在发展和完善，不仅吸取西方主流经济学的精华，而且很大程度上尊重了中国当前社会既定的历史事实与实践经验，因此，从某种意义上说，中国经济学的主流与"苏联范式"的政治经济学是诀别的。①

因此，从辩证唯物论和历史唯物论的角度来看待马克思主义政治经济学在中国的传播和发展，我们可以发现，其传播和发展的基调基本上是扬弃中改进、借鉴中与时俱进和发展中趋于完善。改革开放以来我们所形成的中国特色的经济理论基本上遵循这一规律，特别是邓小平理论对社会主义本质问题的透彻性认识给中国特色社会主义经济学的发展指明了方向。邓小平一再强调必须弄清"什么是社会主义"和"怎样建设社会主义"两大问题，为中国特色的经济学理论研究奠定了基础和方向。沈立人（1998）认为，改革开放以来，党和国家的工作重点转向以现代化经济建设为中心，经济学也理所当然地成了当

---

① 沈立人：《跨世纪的中国经济学》，《经济学家》1998年第2期，第36—39、126页。

代中国的一门显学。①实质上，沈立人指出的"显学"就是现实对中国特色的政治经济学理论的需要，中国的经济学在实践中发挥了应有的经济学的功效。孟昭元就指出，中国社会主义建设的实践，要求有一部反映中国特色社会主义经济规律的经济学。它应该是解放和发展我国社会主义生产力的经济学，是一部中国的致富论。②中国的"致富论"应该反映在 60 多年的经济建设的实践中并且能够在以后"摸着石头过河"的进一步探索中起实践指导作用。

当然，同纯粹的西方经济学理论来源的实践经验相比，60 多年的社会主义经济建设经验相形见绌，孟昭元研究指出，发达资本主义国家对于这种社会化大生产和市场经济的运行规律、运行机制和调控管理的研究，比我们要深入得多，有三四百年的历史。③但我们的确在短短的 40 年里以中国特色的经济理论为指导取得了举世瞩目的成就，世界范围曾一度出现"中国模式"和"中国道路"争论。杨承训等人认为中国化马克思主义经济学可视为人类经济学领域的最新成果。它回答了社会主义经济发展中最困难的问题，比如什么是社会主义本质，在东方经济落后的国家能否通过社会主义道路走向富强，社会主义和市场经济能否结合和怎样结合等难题。④这些都可以说明中国特色的政治经济学在实践基础上的正当性、博大精深以及发展趋势的不可阻

① 沈立人：《跨世纪的中国经济学》，《经济学家》1998 年第 2 期，第 36—39、126 页。

②③ 孟昭元：《关于构建中国特色社会主义经济学的两个问题》，《经济纵横》1994 年第 12 期，第 13—16 页。

④ 杨承训、张新宁：《拓宽中国特色社会主义经济学的研究视野——从多向比较揭示规律性》，《经济经纬》2004 年第 5 期，第 1—6 页。

挡性。

因此，中国特色社会主义经济建设的实践为中国特色的政治经济学的发展提供了不竭源泉，更需要在总结实践经验的基础上发展中国特色的政治经济学，反过来据以指导实践。关键问题是中国特色的经济学能不能持久地服务于中国特色社会主义经济建设。沈立人就曾指出，中国特色社会主义经济理论的问题在于能否和如何使经济学兴旺发达起来，为建设有中国特色社会主义的伟大事业服务得好一些、更好一些。① 要使中国特色的政治经济学更好地服务于中国经济，我们必须从辩证唯物主义和历史唯物主义的角度来研究和分析中国特色政治经济学存在的问题，以便更好地完善和发展它。

恩格斯认为："人们在生产和交换时所处的条件，各个国家各不相同，而在每一个国家里，各个世代又各不相同。因此，政治经济学不可能对一切国家和一切历史时代都是一样的。"② 对此，顾海良认为在经济学对象问题的研究上，存在两个"不可能……一样"的情况：一是社会经济制度相同的不同国家，生产和交换的条件、关系可能不相同，经济学对象"不可能……一样"；二是同一国家处在社会经济制度发展的不同时期，生产和交换的条件、关系可能不相同，经济学对象也"不可能……一样"。③ 孟昭元认为，由于我国还处在社会主义初级阶段，社会主义经济本身还发展得很不充分，各种经济矛盾和规律还

---

① 沈立人：《跨世纪的中国经济学》，《经济学家》1998 年第 2 期，第 36—39、126 页。

② 《马克思恩格斯文集》第 9 卷，人民出版社 2009 年版。

③ 顾海良：《中国特色社会主义经济学的理论创新》，《前线》2011 年第 8 期，第 13—16 页。

没有充分展示出来，中国特色社会主义还刚形成一个基本框架，社会主义市场经济还是一个目标模式，不成熟的经济关系还不可能形成完全科学的经济学体系。[1] 李文溥进一步认为，建立中国特色、中国风格、中国气派的政治经济学的当务之急，不是急于构造理论体系，而是脚踏实地地对中国特色社会主义市场经济发展过程中的现实问题进行研究，对传统社会主义政治经济学中非科学的观点进行彻底的理论清算。[2]

任何经济理论从萌芽到产生都是以既定的历史事实为基点的，任何理论的发展和成熟都是在动态的历史中不断发展更新的，任何理论体系的构建都是去伪存真、保精华去糟粕的过程。无论是毛泽东思想、邓小平理论、"三个代表"重要思想、科学发展观还是习近平新时代中国特色社会主义思想，都体现了中国特色社会主义经济理论的动态发展轨迹。正因为中国特色的经济理论的非静态发展，我们在回顾中国特色的经济理论指导中国特色社会主义建设取得巨大成就的同时，我们也不能回避中国特色经济理论在发展成熟过程中所折射的问题，张禹飞认为这种问题体现为四点：一是中国的经济理论具有"先天不足"和"后天失调"的缺陷；二是中国市场经济形态的不成熟性和不确定性；三是理论界自身的素质亟待提高；四是中国经济学"主流"体系的形成没有找准市场经济与马克思主义经济学的结合点，又没有在理论界达成基本共

---

[1] 孟昭元：《关于构建中国特色社会主义经济学的两个问题》，《经济纵横》1994年第12期，第13—16页。

[2] 李文溥：《从苏联式〈社会主义政治经济学〉到中国特色〈中国经济学〉——对中国特色社会主义经济学建设的若干思考》，《福建论坛》（人文社会科学版）2006年第11期，第4—9页。

识。① 程恩富认为，中国经济学在改革前的主要不良理论倾向在于模仿苏联经济学，改革后的主要不良倾向在于模仿西方经济学。②

二、中国经济学的话语权和体系问题

经济学的本质是分析和解决利益矛盾的实用性科学。中国经济学亦不例外。而话语权意味着一个社会群体依据某些成规将其意义传播于社会之中，以此确立其社会地位，并为其他群体所认识的过程。中国经济学的话语权问题实质上是谈国家利益问题。权衡认为，从世界范围来看，西方发达国家的强势经济决定了其基本上掌控经济学的话语权，发展中国家经济社会的弱势地位决定了其不得不接受发达国家经济学思想。目前，国际视野中经济学研究的世界中心仍然是欧美发达国家，大多数诺贝尔经济学奖获得者也基本上来自欧美发达国家，这从一个侧面验明了这一现状。③ 周文、孙懿指出，随着多年的高速增长，中国经济地位今非昔比，相应的国家利益也随之改变。在西方主流经济学话语体系下，中国日益增长的经济利益无法保证。④

① 张禹飞：《构建中国经济学体系不能急于求成》，《经济学家》1998 年第 5 期，第 91—95 页。

② 程恩富：《中国经济学理论模式的缺陷与全面重建》，《红旗文稿》2008 年第 18 期，第 17—20 页。

③ 权衡：《中国经济学：话语权、范式转换及其他》，《探索与争鸣》2006 年第 3 期，第 38—40 页。

④ 周文、孙懿：《中国经济学的话语权问题》，《经济研究参考》2011 年第 6 期，第 8—9 页。

　　不同时期的主流经济学理论实质上反映的是主流经济学话语权的国家利益。中国经济学的构建同样要体现中国利益。在发达国家主导经济话语权的情况下，中国在全球化国际分工链条中的弱势地位就不易摆脱。因此，正像工业要有独立的体系才不受制于人，中国经济学也要有话语权和独立体系。众所周知，中国经过 40 年的改革开放，经济增长出现奇迹，以每年两位速度增长，现在成为世界第二大经济体。同时，中国特色政治经济学是以马克思主义政治经济学为基础的理论创新；中国特色政治经济学是建立在中国具体的历史的实践基础上的，指导中国经济成功地实现了从计划经济体制向社会主义市场经济体制过渡。但是中国经济学理论的发展在全球中的地位与经济总量在全球中的地位不相称。权衡认为，中国经济学成长和发展的轨迹似乎并未与中国经济和社会的强势发展呈现同步。①也就是说，中国特色政治经济学理论体系并没有形成，现时代中国社会主义现代化建设历史进程中的理论创新还需要进一步加强，中国特色经济学研究应该承担起历史重任，继续大胆创新发展。主要原因有两点：第一，相比欧美国家成熟的市场经济模式，中国正处在转轨的重要阶段，前面也说过，中国经济学的发展是一个动态的发展过程，基于已有的历史经验，我们还有很多新问题需要面对和解决。第二点，按照王文华的观点，西方经济学与苏联模式糅合的各个基本命题几乎都遇到了困难，如政治经济学研究对象、生产资料所有制问题、价值决定问题等，都不能解释和解决现实经济生活中出现的一些新现象、新问题。同时，我国经

---

① 权衡：《中国经济学：话语权、范式转换及其他》，《探索与争鸣》2006 年第 3 期，第 38—40 页。

济学的发展还受到西方经济学从思维方式和分析方法上的冲击。^① 因此，就目前世界经济中心向太平洋东岸及亚洲地区转移的趋势，构建中国经济学体系显得尤为重要，任何一个时代任何一个理论体系的发展与构建，都是由于产生这个体系的时代的现实情况和现实需要而形成和发展起来的。"中国经济学"体现的构建代表了对中国有利的经济理论和政策范式，它是重构有利于中国崛起的国际政治经济新秩序的必要条件。周文、孙懿（2011）认为欧美发达国家的经济地位却在全球化加深的趋势中日益下降，主流经济理论在原先固有范式下，必定要向保护主义的方向发展。中国崛起这一突变性的现实因素，在旧的范式之下，必定被重新卷入对国际政治经济旧秩序有利的循环中。因此，构建有利于中国的经济学理论及政策范式，解释中国崛起的现实，并指导中国的改革实践。由此，构建"中国经济学"体系的需要就跃然而出。^②

三、经济问题与社会问题

改革开放以来，中国经济取得辉煌的成就。第一，在经济增长方面，实现了长期、持续、快速、平稳增长。1979—2012 年，我国国

---

① 王文华：《对构建中国经济学体系的几点思考》，《中州学刊》1998 年第 6 期，第 50—52 页。

② 周文、孙懿：《中国经济学的话语权问题》，《经济研究参考》2011 年第 6 期，第 8—9 页。

内生产总值实现 30 多年的年均增速 9.9%；在基数大大提高的情况下，比 1953 年至 1978 年年均增速 6.1% 要高出 3 个百分点，年均增速提高 60%，人均 GDP 从 200 美元上升到 4900 美元，进入中高收入国家的行列。十几年前，中国还是世界第七大经济体，2007 年超越德国成为世界第三；30 多年来经济总量增加 20 倍，2010 年经济总量超过日本跃居世界第二。从人均收入的角度来看，1978 年至 2012 年，城镇居民家庭人均可支配收入由 343.4 元增加到 24565 元，农村居民家庭人均纯收入由 133.6 元增加到 7917 元。在未考虑其他因素的情况下，单从增长的幅度来看，无论是城镇居民家庭人均可支配收入还是农村居民家庭人均纯收入，增长幅度都是比较可观的。

因此，从国民收入总量和人均收入来看，经济增长的指标都是世界奇迹，令世界瞩目。但是，经济增长并不简单等同于经济发展。杨凤林认为，经济发展理论不仅研究经济增长问题，而且研究经济结构、经济体制、人口素质、收入分配、对外贸易等，即"整个社会的向上运动"，经济发展是有结构变革的经济增长。[1] 李清泉（2005）同样认为，经济增长和经济发展是既相联系又相区别的两个概念。经济增长是指一国或一地区在一定时期内产品和劳务的产出的增长。经济发展则是指随着产出的增长而出现的经济、社会和政治结构的变化，这些变化包括投入结构、产出结构、产品结构、分配状况、生活水平、社会结构等在内的变化。[2] 可见，相对于经济发展而言，经济增长的含

---

[1]　杨凤林：《论经济增长基础上的经济发展》，《社会科学》1996 年第 4 期，第 15—18 页。

[2]　李清泉：《经济发展观演变的历史逻辑分析》，《学术论坛》2005 年第 6 期，第 91—94 页。

义较为狭窄。经济增长只是纯粹的"量"的概念，在经济增长的概念中，由于 GDP 核算的局限性在于：一是经济增长的过程中，付出的社会成本和牺牲的环境成本根本没有核算；二是经济增长的后期为了解决经济增长过程中出现的一系列问题所付出的成本亦没有得到核算。因此，社会进步应该依靠经济发展来衡量，而不是经济增长，GDP 的增长只是经济发展的必要条件，而不是充分条件。发展不仅体现在经济增长，还包括社会发展、科学文化发展、生态环境的优化等。而发展的核心最终则体现在人类自身的发展上。而经济发展的含义不仅是"量"的概念，还包含哲学上"质"的概念，也就是说经济发展包含非经济因素的概念。就当前中国现状而言，经济发展不能单纯地体现在 GDP 总量的提高上，更要表现在基本公共服务的均等化，民众的利益诉求渠道通畅，人与自然、人与社会、人与人都得到了发展，而且处在一种自然而和谐的状态。

因此，经济发展的关键在于大多数人民能参与经济利益的生产和分配。如果经济增长只利于少数富裕阶层，那就没有经济发展。比如社会的公平公正、贫富差距等问题。因此，必须认清经济增长只是手段，是经济发展的物质基础和必要（不是充分条件）条件，而经济发展才是经济增长的终极目的。

但是，我国在很长一段时间内，经济增长在理论上被混同于经济发展。很多学者用经济增长理论来分析我国经济发展情况与现状，这种未将经济增长与经济发展作严格理论上的区分必然错误地指导实践，从新中国成立一直到现在，无论是实践还是理论上，经济虽然呈现高速度的增长态势和迹象，但二元经济结构并未消除反而有强化的趋势。

党的十八大也指出，当前中国面临着资源约束趋紧、环境污染严重、生态系统退化的严峻形势。这种现象说明，高速增长并不一定带来相应的经济发展，只强调经济增长而忽视经济发展必然导致增长与发展脱节，没有经济发展的经济增长只会使某些业已存在的问题的严重化，而不会使我国跨入发达国家的行列。

因此，现实的问题已经将经济增长和经济发展呈现在我们面前，当前迫切需要将这种差异上升到理论高度，以便于以后能够做到真正经济发展而非单纯的经济增长。我们需要转变发展思维，即不能简单地用物质需要代替文化需要，尤其要关心人民群众的精神需要和政治需要。

同时，过去很多年一直用增长的思维和手段解决发展问题，导致单纯和片面追求 GDP 增长。应该说，在经济欠发达时，民众利益诉求简单，解决好温饱问题就解决好一切。但是当温饱解决后，民众利益诉求出现复杂化和多元化，传统的发展思路就会受到局限，单纯的经济增长并不足以解决发展，反而带来增长问题和发展问题。因此，在后改革时代，解决发展中的问题比解决发展本身更重要。否则，各种社会冲突和矛盾的滋生会制约和阻碍中国的可持续性发展。当前的现状是中国正面临体制转型、经济转型和社会转型，与高速增长的经济问题相伴出现的社会问题也日益突出。比如收入差距和阶层固化日趋严重，贫富差距严重等，陈红认为，市场经济引起的社会结构变迁，造成经济发展与社会管理脱节，进而引发经济与社会非均衡发展。①

---

① 陈红：《经济与社会非均衡发展的社会性分析》，《郑州大学学报（哲学社会科学版）》，2007 年第 3 期。

经济学关注和研究社会问题应该成为中国经济学界不可忽视的问题。

美国经济学家贾里德·伯恩斯坦（Jared Bernstein）在《同舟共济——公平经济共识》一书中，对美国经济中的不公平现象，诸如医疗卫生私有化、贫富差距扩大、失业率不断攀升等，进行了大胆的批评。并指出，以人为中心和保证人人能够分享发展成果的公平经济应当是发展政策的核心。

中国经济学者常昌武指出，经济发展同社会其他方面的发展，是不可分割的。[①] 因此，中国经济学者在构建中国经济学体系的过程中就不能只关注经济问题，而忽视社会问题，经济问题和社会问题同等重要。从某种程度上来说，解决经济发展过程中一直积压的社会问题在当前来看比发展经济本身显得更重要。社会问题的积压，实质上是没有理清生产力和生产关系的关系。生产力发展了，而与生产力相适应的生产关系并没有得到相应的发展，甚至落后了，按照马克思主义政治经济学的理论观点，生产关系与生产力的不适应，必然阻碍生产力的进一步的发展。顾海良认为，中国特色社会主义经济学体系以解放生产力和发展生产力理论为基本理论并以社会主义初级阶段经济关系为研究对象。[②] 在解放生产力和发展生产力理论的基础上，我们清楚了社会主义社会的主要矛盾。但并不清楚或者没有更多关注社会主义初级阶段经济关系多样性现状的认识，但马克思

---

①　常昌武：《构建政治经济学应体现经济与社会协调发展的要求》,《山西财经大学学报》1999 年第 6 期。

②　顾海良：《中国特色社会主义经济学的理论创新》,《前线》2011 年第 8 期，第 13—16 页。

主义政治经济学的研究对象是生产关系，强调注重人与人的关系。中国特色经济学研究财富增长的同时更应关注财富分配背后的人与人关系问题，人与人的关系不仅仅是经济问题也是社会问题，社会问题解决的好坏决定了经济能否持续更好的发展，经济的发展是社会问题能否解决的基础，而社会问题是否解决决定了经济是否能够持续和稳定发展。正如周文、赵方通过研究指出的那样，社会建设的兴起有其必然性，因为它既能弥补市场失灵，又能弥补政府失灵，还能极大地减轻社会管理的成本。[①] 刘文斌同样认为，实现经济社会协调发展，关键要正确处理经济发展与社会发展的关系。[②] 因此，中国经济学在关注和研究中国经济问题的同时不能忽视中国社会问题的关注和研究。

四、政府力量和个人权利

改革开放以前，中国经济增长的奇迹更多依靠的是政府的力量推动，形成地方政府锦标式竞赛，而民众个体的主动性、能动性相对不足。显然，这种格局带有明显的计划经济"烙印"，因为计划经济是政府经济，而市场经济是大众经济、个体经济。随着改革的深化，两者

---

① 周文、赵方：《改革的逻辑：从市场体制到市场社会》，《教学与研究》2013 年第 5 期，第 5—13 页。

② 刘文斌：《新中国经济与社会协调发展演化路径及其启示》，《探索》2012 年第 3 期，第 101—104 页。

的矛盾逐渐凸显，周文、赵方认为，这种矛盾体现在市场和政府之间关系的不和谐及政府与社会之间的矛盾和不协调。同时他们还指出，由于公共权利缺乏制衡又会导致权利设租、寻租，政府越位，市场化不到位，存在政府替代市场的现象，市场泛化，这主要体现为政府的缺位[1]；另一方面是政府越位（即政府强势利用威权推动经济发展）。地方政府锦标式竞赛形成的中国经济发展的潮涌现象，背后是中国各级政府的"物本"理念，从而以"物本"理念超越"人本"理念，只注重和关注经济增长，"物本"理念成为政绩考核的原动力。事实上，个体是构成社会最基本的元素，"物本"超越"人本"，必然形成物与人的冲突，导致社会的不和谐。因此，政府的威权必然导致对市场和社会资源的挤占，即便是交易，个体也是处在不公平的地位，换句话说，对于个体的需要，各级政府无暇顾及。因此，各级政府为了政绩和利益进行"掠夺性"的发展，必然对个体权利造成侵蚀。用政府的意愿强制替代民众的意愿。这是官民矛盾的根源。比如强拆现象、重复建设、反复折腾等。

在改革开放前，我国的传统体制被描述成"全权统治"、"总体性体制"、"总体性权力"、"总体性社会"或"全能型国家"，是一个集政治、经济、社会、文化为一体的社会；是集政府、市场和社会三者功能于一身的体制。而这样的政府，必然形成对个体权利的侵蚀，使社会难以发展和产生创造力。当前中国社会有其复杂性，但是个体权利

---

[1] 周文、赵方：《改革的逻辑：从市场体制到市场社会》，《教学与研究》2013 年第 5 期，第 5—13 页。

是伴随着市场化改革而成长的，而越来越独立的个体权利意识，势必对政府的权威形成挑战。但是必须正视现实：计划经济与个体权利是成负相关的，所以是政府经济；市场经济与个体权利呈正相关，所以是大众经济。市场化改革的内在逻辑就是承认并维护市场主体的自主性和独立性。[①] 因此，个体权利的正当性在法律框架内应该得到尊重和敬畏，正如乔尔·S.米格代尔在《强社会与弱国家》中指出，我们需要的政府应该可以保护多数人的利益不受侵害，也保证了少数人的利益不受侵占，因为少数也是公民的一部分，而且任何一部分公民在某种情况下都可能处于少数。[②]

只有全体民众的权利都能在制度框架内得到尊重和敬畏，社会经济主体共同全面发展的目标才有可能得到重视和实现，即达到"共同富裕"。在后改革时代，一个重要主题就是对个体权利的尊重，进而消除对个体权利尊重的社会障碍。"共同富裕"也并非单纯物质上的富裕，也包括对个体权利的尊重和敬畏以促进人的全面发展。只有不断推进人的全面发展，提高社会成员的素质，才能缩小劳动者之间的职业差别和收入差别，才能逐步形成人与人之间分工、协作、平等、民主、友善的良好社会关系，从而使经济发展、社会和谐。金观涛认为，市场经济的扩张是有限度的，当它和社会有机体冲突时，发展就停下来了。他还认为，只要肯定工具性理性和个人权利、民族认同，接受现

---

① 清华大学社会学系社会发展研究课题组：《走向社会重建之路》，《战略与管理》2010 年第 9、10 期。

② ［美］乔尔·S.米格代尔：《强社会与弱国家——第三世界的国家社会关系及国家能力》，江苏人民出版社 1972 年版。

代社会组织蓝图，就能保证市场经济无限制地扩张导致生产力的超增长。① 也就是说，在后改革时代，中国经济学如果不在理论上关注个体权利问题，促进人的全面发展，对于后改时代的经济发展将是一种误导，很有可能因为中国经济学理论的指导失误而导致阻碍经济发展的现象。

因此，中国特色的政治经济学应该而且必须关注"人的发展"，坚持以人民为中心。金观涛认为，一旦把个人权利作为正当性的最终根据，正当的社会组织再也不是高于个人的有机体，而是为个人服务的大机器。② 马克思和恩格斯也强调："未来的社会形态是'自由人的联合体'，在那里，每个人的自由发展是一切人的自由发展的条件"。③

在当前的转型时期，从经济学的视角研究个体权利问题，实质上符合经济学中的公正定理，即对个体权利的尊重和敬畏，可以保证每一个初始禀赋不同的价值都能够有机会既有效又公平的实现，从而以个体的发展推动整个社会有机体的发展。

五、如何看待西方主流经济学和中国经济学

西方经济学是在 200 多年的资本主义发展史的根基上逐步建立和完善起来的。西方主流经济学基本上是从古典经济学把对经济制度本

---

① ② 金观涛：《探索现代社会起源》，社会科学文献出版社 2010 年版。
③ 《马克思恩格斯选集》第 1 卷，人民出版社 1972 年版。

质的分析与对既定制度下资源配置过程及其变量分析相结合的研究，到有意掩盖和歪曲资本主义的阶级剥削实质，把注意力集中于既定制度下资源配置及其变量的研究。第一个社会主义国家从诞生到现在只有近 90 年的历史，而我国也只有 60 多年的历史，孟昭元同样认为，发达资本主义国家对于这种社会化大生产和市场经济的运行规律、运行机制和调控管理的研究，比我们要深入得多，有三四百年的历史。[①]但是经过几次大的曲折，我们的认识才逐渐清晰起来。中国经济学应当站在世界历史的高度对它的实践经验进行全面系统的总结。而传统的马克思主义经济学的研究主要集中在经济制度本质的分析领域。

西方经济学研究的市场经济规律是同资本主义制度结合在一起的，中国经济学研究的市场经济是同社会主义基本制度结合在一起的。西方经济学立足其完备的市场、自由竞争、生产要素的灵活流动及较好的供需弹性等假设，同时由于所有制结构、分配结构、社会制度、历史文化差异等，注定了西方经济学与中国经济社会实践有着这样或者那样的区别。孟昭元认为，现代西方经济学都重视所谓纯粹经济行为和纯粹经济关系的分析，而把政治、经济制度等因素，从经济分析中抽象掉，重视经济活动的主体和客体相互联系的研究；较重视经济对策的研究，因而它们都注意分析短期经济过程，并作出具体描绘。[②]因此，西方经济学在于他们研究和阐述的经济对象是当代西方发达的市场经济，而中国却处于一个不发达的、非常不完善的、尚待转变和

---

①② 孟昭元：《关于构建中国特色社会主义经济学的两个问题》，《经济纵横》1994年第 12 期，第 13—16 页。

创建的市场环境，所面对的历史、现状以及未来跟奠定西方经济学理论的实践基础有着天壤之别，不能把西方经济学当作中国现在和未来的灵丹妙药，照抄照搬。杨承训指出，五花八门的西方经济学立足于西方发达资本主义国家的国情，既反对走社会主义道路，更不能揭示中国现代经济的特殊规律。①

　　西方主流经济学在危机面前的集体失语和对现实解释的乏力，表明西方主流经济学面对危机，不仅不能预见，而且也不能解决深层的现实问题。出现这种问题的原因，按照程恩富（2000）的观点可以归结为，一是西方经济学缺乏应有的人文性，数学在某种程度上被滥用；二是私有化"产权神话"和"自私人"（"经济人"）理论的流行。②我认为当代西方主流经济学实际上面临两大问题：第一，只在表面上和在形式上追求科学性和逻辑性。西方主流经济学失败的要害在于不顾现实地只注重纯粹逻辑的演绎；第二，在工具上和方法上单纯追求完美性和客观性。所以它表面上看起来优雅，但实际上又不能经世致用，在方法论上过分偏重技术分析，缺乏透视经济问题的历史维度和制度维度。西方主流经济学追求表面科学的时尚，越来越难以掩盖其背后的无奈，无法面对和解决现实问题，以致成为一种理论分析上的游戏。理论之树之所以长青是因为它闪烁着思想的光芒。

---

① 杨承训：《关于中国特色社会主义经济学的若干理论问题》，《经济经纬》2006年第1期，第1—4页。

② 程恩富：《重建中国经济学：超越马克思与西方经济学》，《学术月刊》2000年第2期，第75—82、89页。

但中国社会主义经济本身还发展得很不充分，各种经济矛盾和规律还没有充分展示出来，中国特色社会主义还刚形成一个基本框架，社会主义市场经济还是一个目标模式，不成熟的经济关系还不可能形成完全科学的经济学体系。因此，对待西方经济学也不能完全否定，西方经济学中确实有很多东西应当借鉴和汲取，尤其是其研究市场经济运行的一些理论成果和方法，值得学习。正如程恩富所提出的"马学为体，西学为用"，即以中外马克思主义经济学为体，现代西方经济学为用。[①] 因此，西方经济学对我们有益的借鉴作用，但是不能以此替代我们自己的理性思考，更不能成为意识形态的经济学。提供实践的具体答案，一定要以马克思主义政治经济学为本，立足于中国自己的实践，为中国经济理论的发展提供了不竭源泉，又需要在总结实践经验的基础上概括出新的理论，反过来据以指导实践。这与程恩富所倡导的"重建社会主义理论经济学，必须以世界经济和人类经济的发展历史为大背景，与资本主义市场经济的多类模式相对照，重点从中外社会主义经济的多种实践中实证地描述出经济事物变动的基本现象，科学地提炼和抽象出合乎经济事物本质的规律性范畴和原理。"[②] 相一致，但我想强调的是，中国经济学更应该从中国具体的实践中寻找来源，侧重点更应该立足于自己，这与权衡（2006）的观点类似，即中国的改革开放和发展的

---

① 程恩富：《重建中国经济学：超越马克思与西方经济学》，《学术月刊》2000年第2期，第75—82、89页。

② 程恩富：《中国经济学理论模式的缺陷与全面重建》，《红旗文稿》2008年第18期，第17—20页。

经验一定在许多问题上将进一步验证、充实和完善传统的经济学理论体系，实践一定会创造出许多重要的理论和概念体系，这也预示着中国一定能够为世界经济学研究和理论创新做出自己的贡献，在世界经济学发展中发出中国的声音，留下中国的烙印。[①] 这正如程恩富所说，丰富的改革实践为我国社会主义理论经济学的发展提供了肥沃的土壤和充足的养料。[②]

六、结　论

顾海良认为，对马克思主义生产力理论的当代诠释，成为中国特色经济学创立的重要基点；对当代中国解放和发展生产力问题的把握，成为中国特色经济学发展的重要标识。[③] 传统经济学理论，都是在阐释生产力发展的重要性，以生产力为基点形成的社会主义初级阶段基本经济制度理论、社会主义市场经济体制理论、社会主义经济发展理论及社会主义对外开放理论。总之，都无非与生产力有着千丝万缕的关系。当然，单纯用经济方法解决经济问题是一种历史惯性。一是自工业革命以来，特别是 20 世纪以来，由于市场机制的发展和科学技术

---

① 权衡：《中国经济学：话语权、范式转换及其他》，《探索与争鸣》2006 年第 3 期，第 38—40 页。

② 程恩富：《重建中国经济学：超越马克思与西方经济学》，《学术月刊》2000 年第 2 期，第 75—82、89 页。

③ 顾海良：《中国特色社会主义经济学的理论创新》，《前线》2011 年第 8 期，第 13—16 页。

的进步，人类生活大大改善，物质财富成倍增加，生活质量不断提高，人类对于物质推崇至极，对经济推崇至极，对市场方法推崇至极；二是中国具体的历史的环境。100多年的积贫积弱，急于摆脱贫穷成为理论探索的第一要务。

程恩富提出，以中外经济实践为思想源泉，以马克思经济学和新创的主要假设为基点，积极吸纳古今中外各种经济思想的合理成分，广泛借鉴相关社会科学和自然科学的可用方法，构造既超越马克思经济学范式，又超越西方经济学范式的新范式。[①] 王晓林则认为，以劳动者群众为本的观念、科学发展以及市场经济整体理性可成为中国特色经济理论体系选择的核心理念，将科学发展观融为中国特色社会主义经济学的核心理念，不失为建构中国理论经济学必要的路径选择之一。[②] 刘国光认为，不再照抄照搬以往政治经济学教科书的框子，更不能模仿西方经济学的范式；力争全面系统地梳理社会主义经济学说的发展脉络和演进历程，辩证地理清坚持、继承和发展的关系；把意识形态与分析工具有效地统一起来，既鲜明地强化科学社会主义意识，又精巧地运用各种分析工具，将两者紧密地统一于马克思主义中国化的科学上。[③]

在未来的中国特色政治经济学体系的构建中，应该侧重将社会问

---

① 程恩富：《中国经济学理论模式的缺陷与全面重建》，《红旗文稿》2008年第18期，第17—20页。

② 王晓林：《新中国60年经济理论探索与展望》，《现代财经》（天津财经大学学报），2009年第10期，第3—6页。

③ 刘国光：《论中国特色社会主义经济学三则》，《毛泽东邓小平理论研究》2009年第3期，第1—7页。

题纳入经济学的考量范围，从中国的国情出发，坚持社会主义特征，从多元渠道探索、研究中国社会主义初级阶段问题的方法，以经济学为出发点推动研究社会问题。

新中国成立以来，中国经济学的理论面对的问题是研究和解决中国从不发达的状态如何过渡到发达的状态；改革开放以后，经济学理论开始转向以发展和改革开放为动力，如何从计划经济体制转向市场经济体制及如何从与国际隔绝转向与国际沟通等经济问题的研究。这些思路都是以经济学研究经济问题并解决经济问题的分析和研究方法。经过 35 年的改革开放与发展，中国已进入中等收入国家行列，而随着经济增长而不断积压的问题在后改革时期不断地出现并对经济增长产生了很多负面的影响。当前及后续很长一段时间内，中国面临的问题更集中于如何避免落入"中等收入陷阱"。因此，经济学理论的构建更应该关注社会问题。经济发展同社会其他方面的发展，是不可分割的。构建社会主义政治经济学理论，不可把它看作孤立、封闭的领域加以固守，只就经济论经济，而应从经济与社会协调发展的视角，设计它的框架结构。[①] 任何一个社会的构建都不是单纯的只有经济一个方面，经济问题的解决能够为社会的发展奠定良好的物质基础，缺乏人文关怀的经济增长必将限制和阻碍人的发展，因为人作为社会有机体的最基本的组成元素，正如马克思主义政治经济学所指出的那样，研究生产关系的本质就是研究人与人的关系，人与人的关系是最基本的社会

---

① 常昌武：《构建政治经济学应体现经济与社会协调发展的要求》，《山西财经大学学报》1999 年第 6 期，第 1—4 页。

关系。社会问题是否得到关注或者是否得到解决直接关系到组成社会个体的积极性及社会稳定问题。因此，后改革时期的中国经济理论体系构建问题应该侧重于用经济学关注和研究社会问题。

哈佛大学的萨克斯教授在《贫穷的终结：我们时代的经济可能》中提出"阶梯理论"，首要的第一目标是结束世界上 1/6 人口的悲惨处境——这些人生活在极端贫困中，每天都为了基本的生存挣扎。地球上的每一个人都能够而且应当享受标准营养、健康、水与厕所、居屋，以及其他生存、福利、参与社会所需的最低需求。① 第二个目标是确保世界上所有的穷人（包括那些处于中等贫困的穷人）能够有机会沿着发展的阶梯向上爬。② 这其实也就要求在构建中国特色社会主义政治经济学理论体系时不能忽视社会问题。当前中国社会出现的社会公平、贫富差距等问题，应该引起高度关注。社会问题应该而且必须是中国特色政治经济学理论体系的重要组成部分。

（本文与陈跃合著）

---

① ② 萨克斯：《贫穷的终结：我们时代的经济可能》，邹光译，上海人民出版社 2007年版。

当前中国经济学研究中的若干问题与反思

自改革开放以来，中国经济学研究无论是在研究范式，还是国际化认知、国际化研究水平等方面，都呈现跨越式发展，总体上发展趋势很好。但是，回顾40年来中国经济学研究的进展，仍然需要认真总结和反思。特别是近年来，中国经济学研究中存在的一些问题已引起广泛的争论，甚至是忧虑。比如经济学研究中的西化问题等，这些问题应当引起高度重视并能尽快采取措施切实加以改进。

一、当前中国经济学研究的现状与目标问题

改革开放40年来，中国经济在市场化改革道路上稳步前进，中国经济现在已发展成世界第二大经济体，其成就引起了世界瞩目。但是与中国经济不断发展及取得的成就相比，中国经济学的发展和研究水平却相对滞后。中国经济学在国际上没有相应的话语权，这里的

话语权是指通过一整套的话语体系，包括概念、理论、规则、范式来构建具有中国特色、中国气派和中国风格的经济学话语体系，从而能够有助于中国在世界上确立其社会地位及其利益。[①] 然而令人遗憾的是只有中国经济的"中国制造"，而缺乏中国经济学理论的"中国制造"。[②] 比如由于对中国经济的真实面目不清楚，不能准确把脉中国经济发展的趋势，只能照搬现有的西方经济理论，由此对中国经济的绝大部分预测往往与中国经济发展的实际状况并不相符。[③] 从而导致我们无法有效解读中国实践、构建中国理论，使得我们在国际上的声音比较小，还处于有理说不出、说了传不开的境地。[④] 总体来看，中国经济学研究的理论发展与中国经济的发展显得不相称。[⑤]

回顾和总结中国改革开放 40 年的历史，中国经济发展取得巨大成功，一定是因为我们做对了什么。这些在实践中做对了的东西，很难在西方经济学的故纸堆中找到现成的理论和案例，也不可能是从马克思主义经典作家那里照搬照抄来的。[⑥] 事实上，从中国经验中总结提炼并上升为规律性的理论，一定会成为世界上最好的经济学。西方

---

① 张晓晶：《主流经济学危机与中国经济学的话语权》，《经济学动态》2013 年第 12 期，第 24—30 页。

②④ 习近平：《在哲学社会科学工作座谈会上的讲话》（全文），http://news.xinhuanet. com/politics/2016-05/18/c_1118891128.htm。

③ 周文、孙懿：《中国经济模式与中国经济学》，《经济学动态》2010 年第 11 期，第 45—49 页。

⑤⑥ 高培勇：《在"接地气"中实现中国经济学的创新》，《经济研究》2015 年第 12 期，第 27—28 页。

经济学对中国的发展道路或中国经济发展模式缺乏正确的理解，对中国发展道路在经济建设上取得的奇迹也作不出完整的解释。[①] 我们有理由相信，中国独特的经济发展实践是不可能通过照搬的某种西方理论来解释。[②] 其主要原因在于中国所有的经济发展成果都是扎根在中国现实国情的土壤里。[③] 从而也就造成了经济学有共性和特殊性之分，中国的特殊国情所决定的许多经济现象是其他经济学没有解释也解释不了的，更不用指望它们能够在实践中指导中国经济发展。[④] 对于中国经济未来发展问题，世界上大多数学者充满乐观预期，而对中国经济学研究的现状和未来走向则疑虑重重。现在国际上特别是国内一些学者，不相信有中国自己的主流经济学，甚至简单化断言中国不应该有自己的主流经济学。这不但是一种误判，更是一种罔顾历史。事实上，从传承和变迁的角度观察经济学的发展史，可以明确地得出结论：主流经济学历来是大国经济学。而且主流经济学从来都不是固定地"花落一家"。

从经济学说史角度考察，我们知道，经济学发端于英国，那是因为"日不落帝国"为当时的经济学孕育和发展提供了肥沃土壤。19世

---

① 何自力：《构建中国经济学学术话语体系已是当务之急》，《政治经济学评论》2013 年第 1 期，第 26—28 页。

② 张林：《马克思主义经济学、非正统经济学与中国经济学的多元发展》，《社会科学辑刊》2016 年第 4 期，第 15—20 页。

③ 高培勇：《在"接地气"中实现中国经济学的创新》，《经济研究》2015 年第 12 期，第 27—28 页。

④ 逄锦聚：《论中国经济学的方向和方法》，《政治经济学评论》2012 年第 4 期，第 3—17 页。

纪末，美国开始全面取代英国的全球领导地位，主流经济学也从英国转到美国。因此，仅仅从这点看，正是因为中国即将成为未来世界经济中心，未来主流经济学的主战场一定在中国。21世纪将会是中国经济学家的世纪。因为经济学研究的学术中心是随着现实中世界经济中心的转移而转移的，所以经济学的学术中心必将转移到中国。这是未来中国经济发展赋予中国经济学的历史使命，中国经济学者应该承担其使命并有所建树。面对未来，中国经济学研究的任务是双重叠加的，也即现代经济学的本土化与中国问题的国际化。所谓本土化是指现代经济学在中国的应用，即经济学教育最终培养出来的是适应中国经济建设、中国社会主义市场经济发展和中国经济发展需要的人才；[①] 所谓中国问题国际化是指采用国际规范的研究方法来研究和解释中国的本土化问题，[②] 并将它们提炼成具有中国元素的理论去丰富现代经济学。随着中国经济的发展和在全球的影响日益扩大，现代经济学中的中国元素会越来越多，也会越来越丰富。因此，中国经济学研究不能闭门造车，中国经济学一定是研究中国经济的科学，也就是说其研究对象一定是中国经济。[③] 因此，中国经济学不仅要深深地植根于中国经济改革与发展的肥沃土壤，用中国改革开放前后各30年的经验和教训，特别是改革开放以来中国经济改革与发展创造世界奇迹的伟大实践，总结提炼出中国经济学的概念、范畴，形成中国特色的经济理论体系，

---

①② 白永秀：《建国60年中国经济学教育的回顾与展望》，《经济学家》2009年第7期，第12—17页。

③ 逄锦聚：《论中国经济学的方向和方法》，《政治经济学评论》2012年第4期，第3—17页。

彰显中国的道路自信、理论自信、制度自信和文化自信；而且中国经济学不是孤立的、封闭的理论，[①]一定要具备全球视野，才能承担起这一双重任务和历史使命。

二、中国经济学研究的国际化问题

改革开放 40 年来，中国经济学研究在与国际接轨的大潮中，事实上是"一边倒"，实质上是加速西化。比如在很多高校的课堂上，西方原版教科书的使用、英语授课和教学被当作是竞相追逐的时尚，流利的美国英语成了一种权威的象征。[②]简单地把国际化等同于西化，结果形成照抄照搬，食洋不化的局面。甚至有学者指出，世界上没有一个国家像中国这样高频率地引进外国经济学教材。[③]自 20 世纪 90 年代中期以来，各类大学和研究机构的经济学教学和研究基本上沿袭"西学东渐"的路径。事实上"西方经济学"逐渐在中国经济学教育中占据了"主流"地位并在很大程度上掌握了经济学的话语权。这种潮流对中国经济学的发展有百害而一无利。回溯中国近代以来的历史，在西方"船坚炮利"的冲击下，向西方学习成为中国自强的道路。虽然在这一过程中也强调"中学为体，西学为用"。但事实上，在中学与西

---

① 黄泰岩：《构建中国经济学话语体系的内涵与途径》，《政治经济学评论》2013 年第 1 期，第 15—16 页。
② 贾根良：《中国经济学革命论》，《社会科学战线》2006 年第 1 期，第 56—71 页。
③ 刘国光：《经济学教学和研究中的一些问题》，《经济研究》2005 年第 10 期，第 4—11 页。

学的对阵中，以科学为标签的西学占据了压倒性的优势，而中学则是步步败退，全盘失守。西学不仅在自然科学，而且在人文社会科学中占尽了优势，在世界思想学术格局中形成"强西学而弱中学"的学术思想垄断局面。西学逐渐占据了世界思想学术中心地位，垄断了学术话语权，中学则逐渐处于边缘化地位，在学术话语权方面处于鹦鹉学舌、邯郸学步的被支配地位，中国实践和中国发展逐渐成为西方理论的"跑马场"和"试验田"。

"老师总是欺负学生"。100多年的"西学东渐"的尝试和努力并没有彻底改变中国落后和积弱积贫的局面。从经济学的角度来看，西方现代经济学从19世纪开始对中国产生影响，"中国经济学"由此诞生，但这些所谓的中国经济学并不是内生的，而是从西方移植过来的，其内核还是西方现代经济学，大部分内容只不过是一些留学海外的学生群体"生搬"西方现代经济理论对中国经济问题的"硬套"。因此，他们在西方现代经济学的"东渐"过程中起了很大的作用。[1] 这些留学生群体将西方现代经济学引进中国，充实中国经济学是好的一面，但他们其中的绝大部分人没有经历过马克思主义再教育，对西方经济学不加评论并原汁原味地引入中国，甚至生搬硬套来解释中国经济问题，不仅不能有效解释中国经济现象，而且还在一定程度上削弱了马克思主义经济学的主导地位。[2] 换句话说，西方经济学在中国的发展不能

---

[1] 邹进文：《近代中国经济学的发展——来自留学生博士论文的考察》，《中国社会科学》2010年第5期，第83—102、221—222页。

[2] 刘国光：《经济学教学和研究中的一些问题》，《经济研究》2005年第10期，第4—11页。

以牺牲马克思主义政治经济学为前提或代价，因为历史和现实都证明马克思主义是科学的理论，迄今依然有着强大生命力，同时中国经济学不是纯而又纯的自然科学，它是为绝大多数人服务的哲学社会科学。中国经济学必须有马克思主义的立场和方法，以人民为中心。因为马克思主义深刻揭示了自然界、人类社会、人类思维发展的普遍规律，为人类社会发展进步指明了方向；同时，马克思主义坚持实现人民解放、维护人民利益的立场，以实现人的自由而全面的发展和全人类解放为己任，反映了人类对理想社会的美好憧憬；因此，马克思主义揭示了事物的本质、内在联系及发展规律，是"伟大的认识工具"，是人们观察世界、分析问题的有力思想武器，具有鲜明的实践品格。不仅致力于科学"解释世界"，而且致力于积极"改变世界"。①

"西学东渐"的历史教训应该高度警醒和重视。导致这一现象的原因是复杂的，但可以肯定的是，很大一部分人缺乏马克思主义的立场、观点、方法，缺乏深厚的中国历史文化基础，缺乏对中国过去和当今中国现实的全面认识和了解，更缺乏对中国当前的实践认知，中国经济学界正在形成一批不具备马克思主义理论素养、不接地气、缺常识的高学历专家学者群，他们已养成一种根深蒂固的"学术殖民思维"，对外国理论生搬硬抄、亦步亦趋、拔高甚至神化，并以此标榜，甚至"自以为是"地"沾沾自喜"站在世界学术前沿。一些学者往往习惯于用西方的概念来裁剪中国的社会现实，将中国丰富的实践和创新变成

---

① 习近平：《在哲学社会科学工作座谈会上的讲话》（全文），http://news.xinhuanet.com/politics/2016-05/18/c_1118891128.htm。

解释西方理论正确性的注解，从而造成中国经济学始终在西方理论的"笼子"里跳舞的现象。任何一个稍有理论常识的人都清楚，中国过去40年改革开放的成绩并不是在西方主流经济学理论指导下取得的。因此，中国经济发展不是中国经济学缺乏从西方引进的各种思想，恰恰所缺乏的正是从深入了解中国自己过去40年的成功经验以及未来的机遇和挑战的本质中去总结出新理论，中国经济学所需要的是"了解中国国情"同时又具有国际视野的经济学理论创新人才。[①]要善于提炼标识性概念，打造易于为国际社会所理解和接受的新概念、新范畴、新表述，引导国际学术界展开研究和讨论。[②]同时，从第二次世界大战到现在，近200个发展中国家尚无根据西方主流经济学理论而发展成功的先例，这一事实也在提醒中国经济学理论发展需要放弃西化思维的模式：不能固执地认为，一旦国家经济发展出现了问题，就应该去西方现有的主流理论或大师所写的故纸堆中对号入座，进而寻找解决办法；而应该是立足于国情和本国实践了解这些问题的本质和原因，从而提出解决问题的办法。

目前，中国经济学研究的现有格局与中国经济发展的内在诉求相距甚远，并且中国经济学界对经济学研究的国际化认知仍然停留在40年前的水平，不能与时俱进。前几年在法国兴起的高校经济学专业学生联合反对"主流经济学"一统天下的"经济学改革国际运动"、美国

[①] 刘灿：《构建以马克思主义为指导的中国经济学的教学体系》，《政治经济学评论》2013年第1期，第16—18页。

[②] 习近平：《在哲学社会科学工作座谈会上的讲话》（全文），http://news.xinhuanet.com/politics/2016-05/18/c_1118891128.htm。

哈佛大学曼昆教授被学生罢课等案例标志着"西方现代经济学"的发展遇到了自大萧条以来最严重的危机。这场运动对西方经济学教学和研究的现状进行了批判，它对中国经济学发展的西化趋势不啻当头棒喝，中国经济学发展的方向需要重新反思。[①]另外，从中国经济学本身的健康发展需要来看，我们必须以中国经济为研究对象，在广泛吸收一切优秀经济学成果的基础上，通过融会贯通和创新，从而创造出符合中国发展需要的中国经济学或中国经济学流派，唯其如此，中国经济学才能适应中国发展的现实需要。然而，中国经济学研究的严重西化和"英美化"倾向，即中国经济学发展的新古典主流化和数学形式化的严重倾向，使得经济学成为一种"逆我路向"的智力数字游戏，既离群索居，又自我封闭式，使得其理论严重脱离现实。[②]这同样与中国经济学创新和发展的内在要求相冲突。

三、中国经济学的教学设置与规范化问题

现在许多重点综合大学尤其是财经高校在经济学教学中围绕"西方经济学"开设了包括微观经济学、中级微观经济学、高级微观经济学、宏观经济学、中级宏观经济学、高级宏观经济学、计量经济学、高级计量经济学等一系列课程，这些课程的数量远远超过同属经济学学科下的政治经济学、经济史、经济思想史等专业的课程数量。许多

---

①② 贾根良：《中国经济学发展的西方主流化遭遇重大质疑》，《南开经济研究》2003 年第 2 期，第 3—12 页。

大学开设这些课程的教师都直接采用西方原版教材（英文版）或其中文译本，而拒绝采用中国学者编著的教材（包括"马工程教材"），出现了马克思主义经济学在学科中"失语"、教材中"失踪"、论坛上"失声"的现象。[①] 受上述环境的影响，教师在教学中也大多是照本宣科，而较少甚至没有分析与批判（科学的批判并不是简单的全盘否定）。这种状况使经济学专业的学生把大部分时间和精力用于学习西方经济学，并且在价值观、社会观和历史观上深受西方经济学的影响。在研究生入学考试方面：绝大多数经济学博士点和硕士点在招生考试中，"西方经济学"所占考分超过一半以上，有的达到三分之二甚至五分之四。这种情况同样导致经济学专业的学生在学习和考试复习中把主要精力用于钻研西方经济学。这种课程教学和入学门槛设置貌似科学，实则偏颇。

回顾近年来的中国经济学研究的进展，在规范化和国际化的大旗下，数学化、模型化的高歌猛进与饱受抨击同时相伴。没有数学不入流，没有英文的教学不是国际化的教学。深奥的数学证明似乎代表了科学真理，流利的美国英语成了一种权威的象征。至于这门学科的历史是怎样的，经济学与现实的相关性，经济学是否以及有无可能存在可供替代的理论范式，他们是不予考虑的，以至于在许多研究者和青年学生中产生这样一种感觉：美国的、新古典的、数学化的经济学就是科学的经济学。[②] 数学化的大潮浩浩荡荡，英文教材的大肆泛

---

① 习近平：《在哲学社会科学工作座谈会上的讲话》（全文），http://news.xinhuanet.com/politics/2016-05/18/c_1118891128.htm。

② 贾根良：《中国经济学革命论》，《社会科学战线》2006 年第 1 期，第 56—71 页。

滥，并没有带来经济学的生机和活力，更没有赢得国际化的认同。因为，缺乏对中国历史的认知，缺乏对中国文化的了解和国学的熏陶，中国经济学就缺失了厚重性和现实性，成为有技术没文化的空壳，成为"无源之水"，"无本之木"，失去了立足的土壤和根基，更不能对中国现实经济问题形成准确判断。当然，我们并不否定数学在经济学发展中的作用，因为经济学除了理论的逻辑和经验的逻辑以外，数理的逻辑同样值得重视，[①] 但经济学数理逻辑的基础是理论的逻辑和经验的逻辑。

四、中国经济学的研究成果评价问题

对于经济学研究成果评价，因为受"国际化"有关政策的影响，在许多大学制定的职称晋升或科研奖励标准中，都将教师在 SSCI（美国科学情报研究所建立的综合性社科文献数据库）期刊上发表的论文数量作为最重要的考核标准和评定依据，在许多高校制定的核心期刊或重点期刊中，SSCI 期刊都排在第一位，并且有重奖措施（有的学校对于在 SSCI 期刊上发表一篇论文所给予的奖金高达数万元甚至更多）。这种政策导致教师尤其是青年教师无法进行自由的科学研究，而是把更多的甚至主要精力用于撰写符合 SSCI 标准的学术论文上。

---

① 黄泰岩：《构建中国经济学话语体系的内涵与途径》，《政治经济学评论》2013 年第 1 期，第 15—16 页。

近些年来，同样在"国际化"有关政策的导向下，许多名牌重点大学竞相花重金大批引进海外而且主要是英美国家毕业的经济学博士和博士后，有些经济学院的"海归"人数已经占到全部教师的三分之一甚至更多。甚至有学者提出："中国的经济学教育应该减少培养本土的经济学博士，而专注于为西方主流经济学输送优秀的博士生。"令人惊讶的是，这种提议竟然得到不少经济学者的支持和赞成。① 从专业特长方面来说，各学校主要引进的是能够运用西方"主流经济学"研究范式并有可能在 SSCI 期刊上发表论文的专业人才。这种情况导致同一个学院内的"海归"与"土鳖"在经济待遇、职称评定等方面出现极不公平现象，而且还导致国内许多大学甚至是重点大学的经济学博士生感到要进入高校任教前途渺茫，从而严重挫伤了他们的学习、科研积极性。

以上这些情况表明，我国经济学研究中的严重西化甚至"英美化"倾向已经是一个不容否定、忽视的客观事实，并且已经产生了各种严重危害。对于中国经济学的严重西化倾向问题，早在 80 年代时，陈岱孙教授就已经发出警告，指出，中国经济学的发展必须坚持"弘扬马列、锐意求新、借鉴西学、体察国情"的原则，② 2005 年，著名经济学家刘国光先生著文批评了当前经济学教学和研究中西方经济学影响力

---

① 卢获：《有感于"中国经济学教育回顾与展望"研讨会上关于"中国经济学新规范"的某些观点》，中国政治经济学教育科研网（www.cpper.org），2005 年 6 月 29 日。

② 陈岱孙：《西方经济学与我国的现代化》，《世界经济》1983 年第 9 期，第 8—14 页。

逐渐上升而马克思主义经济学的指导地位被削弱的现象。① 程恩富教授也大声疾呼，中国经济学不能食洋不化，他提出了"马学为体、西学为用、国学为根、世情为鉴、国情为据、综合创新"的原则。②2008年西方发达国家爆发了严重的金融经济危机，以新古典经济学理论为核心的西方"主流经济学"即新自由主义经济学和政策在全世界都备受质疑，甚至在发达国家出现了"重新发现马克思"的社会思潮。然而，时至今日，中国高等院校经济学教育和研究中存在的严重西化倾向不仅没有任何实质性的改观，甚至还有进一步加深的趋势。这种不正常现象，不能不引起人们的高度关注和深思。对此，必须进行认真分析和严肃对待。

其一，必须认真看待和高度重视中国经济学研究中存在的严重西化倾向及其产生的严重危害。党和政府有关部门以及各高校，必须采取各种有力措施，纠正和扭转中国经济学研究的基本发展方向。中国经济学的基本发展方向包括三个方面的内容，首先要继承和发展马克思主义政治经济学的基本原理，并把这些原理与中国的具体实际相结合；其次要借鉴和吸取世界人类一切文明成果，包括西方经济学中的科学成分；最后要能够反映和解释我国生动活泼的现代化建设实践，为现代化建设提供理论支持和服务。借鉴和吸收世界人类一切文明成果，包括西方经济学中的科学成分可能会形成经济理论多元化的局面，

---

① 刘国光：《经济学教学和研究中的一些问题》，《经济研究》2005 年第 10 期，第 4—11 页。

② 程恩富、何干强：《论推进中国经济学现代化的学术原则——主析"马学"、"西学"与"国学"之关系》，《马克思主义研究》2009 年第 4 期，第 5—16、159 页。

但在这些多元化的经济理论中必须有一种理论能够起"主导理论"作用，这个主导经济理论是适合本国国情的占主导地位的根本经济理论和根本经济思想，没有根本理论和根本思想的国家，充其量只能跟在别国后面走，不可能自立于世界强国之林，这个根本理论就是马克思主义政治经济学理论。[①] 坚持以马克思主义为指导，是当代中国哲学社会科学区别于其他哲学社会科学的根本标志，必须旗帜鲜明加以坚持。[②]

习近平总书记在哲学社会科学工作座谈会上的讲话中指出，当代中国哲学社会科学是以马克思主义进入我国为起点的，是在马克思主义指导下逐步发展起来的。[③] 因此，中国经济学的创新与发展不能脱离这个起点，必须以马克思主义经济学为主体，吸收西方经济学的合理成分，实现马克思主义政治经济学与西方经济学的融合互补，[④] 并及时研究、提出、运用新思想、新理念、新办法。[⑤] 在坚持马克思主义政治经济学主导地位的前提下，正确开展西方经济学的教学和研究，使我国经济学教育能够真正实现其本质和根本目的，即有利于培养学生的独立人格与思想行为能力，有利于培养中国特色社会主义的接班人，有利于中国经济学的创新和创建，有利于中国特色社会主义建设和发展。比如中国经济学的教学体系中所包含的培养目标和培养方向、

---

① 逄锦聚：《论中国经济学的方向和方法》，《政治经济学评论》2012 年第 4 期，第 3—17 页。

②③⑤ 习近平：《在哲学社会科学工作座谈会上的讲话》（全文），http://news.xinhuanet. com/politics/2016-05/18/c_1118891128.htm。

④ 白永秀：《建国 60 年中国经济学教育的回顾与展望》，《经济学家》2009 年第 7 期，第 12—17 页。

课程设置、教学内容、学术训练方法、学生的科研方向即他们的选题必须以马克思主义为指导。[①]

其二，中国经济学研究的国际化不能走两个极端。对于中国经济学研究来说，目前与欧美尚有较大差距，这种差距既是不同经济发展阶段的必然结果，同时在很大程度上也是中国传统教育体制与西方差别较大造成的。当今的经济学研究不可能是孤立的闭门造车，中国经济学研究要想尽快提升整体水平，必须走国际化道路。但是，这种国际化不能走两个极端：一个极端是妄自菲薄。现在中国经济学研究有三种不正常现象：唯"美"是从；外国月亮比中国圆；模型总是比思想和理论重要。多少年来，中国经济学在理论上不自信，不能真正立起来，尤其是，作为一个世界第二大经济体国家，没有与之相匹配的中国特色的理论经济学的强有力话语体系，确实令人感到遗憾。应当看到，西方人对我们的不理解，在相当程度上是与中国经济学理论缺乏自信、自立、自强有关，作为中国经济学学者或学生应当明确西方经济学主要依赖的是西方经济发展经验，中国经济学面临的是中国经济实践、发展经验，其要解决的也是中国经济问题，因此，必须摆脱西方中心论和唯"美"是从的错误观念。[②]但值得注意的是，当我们提出摆脱西方中心论的同时，我们往往会走进另一个极端，即盲目排外。一提打造中国经济学，似乎就要彻底抛弃西方主流经济学理论，

---

①　刘灿：《构建以马克思主义为指导的中国经济学的教学体系》，《政治经济学评论》2013 年第 1 期，第 16—18 页。

②　张晓晶：《主流经济学危机与中国经济学的话语权》，《经济学动态》2013 年第 12 期，第 24—30 页。

似乎是绝对的另起炉灶，这显然也是不正确的。必须承认，我们要建立的是社会主义市场经济体制，它终究还是市场经济，而且现代市场经济在中国历史并不长，市场机制还不完善。因此，要认真学习和研究经济规律，真诚地向市场经济学习，遵循市场决定来配置经济资源和组织各项活动，是中国经济发展改革的题中应有之义。因此，在一定意义上，学习、钻研当代西方主流经济学，对照中国经济的实践而融会贯通、取舍吸收，正是中国经济学发展的必由之路。

其三，要鼓励创建具有中国风格、中国气派的标识性概念、范畴和经济学理论体系。提出建设有中国逻辑、中国流派、中国风格的经济学，绝对不是刻意别出心裁，而是中国经济发展对中国经济学研究提出的内在要求；经济学理论发展和创新的需要，是时代赋予中国经济学家乃至全球经济学界的使命。对此，我们应有理论的自信，也更需要理论的自强。严格地说，真正意义上的中国经济学，决不能局限于对那些发生在中国的与西方国家不同的经济政策和做法进行简单地归纳和总结，而必须发现和重构不同于西方经济学的理论前提，这种前提性的差异深藏于文化的差异之中。

在中国这个具有五千年历史的文明古国，其文化传统与西方必定不同。应当看到，正是因为有这种文化差异，中国的经济学才可能真正得以建立。当今，统治世界的现代经济学是在西方文化的基础上发展起来的。西方文化的锐利进取精神给我们以深刻的启迪：文化是中国经济学的根和土壤，中国经济学研究更应把东方文化的精髓，作为哲理性的范畴引入研究框架和范式，这样才有助于推动中国经济学跨上一个新的、更有活力、更能引领发展的高度，并进入一个新的境界。

　　总的来说，我们要建构的中国风格、中国气派的经济学，不是简单的西方经济学中文版，也不是"中学为体"的简单糅合，而是一套真正有别于西方经济学的话语体系和概念体系。这是对中国经济现象认真思索的结果，更是很多中国经济学者发自内心的期盼。对此，中国经济学研究在重视文本解读的同时，不能拘泥于文本而陷入教条主义，更多的研究是提炼现实问题。中国经济学研究应该以当前重大的、紧要的问题为导向，对一些重大的本质问题要有现实回答，而不是回避进而忽视对其研究、分析和提炼，比如失业问题、贫困问题、不平等问题。2015 年，法国经济学学者托马斯·皮凯蒂的《21 世纪的资本论》，对财富问题、贫困和分配不平等问题作了深入解读，在全世界引起关注和轰动。这对中国经济学研究的走向应该是一个很好的启发和借鉴。因此，学好用好马克思主义政治经济学，并不是简单化的引经据典，比如很多学者常常"根据需要找一大堆语录，什么事都说成是马克思、恩格斯当年说过了，生硬'裁剪'活生生的实践发展和创新，这也不是马克思主义的态度。"[①] 我们强调和提倡的马克思主义既不是教条主义也不是实用主义，我们要在特定的历史条件和现实情况下，运用马克思主义的立场、观点、方法，揭示、提炼当前中国经济中重大问题背后的规律。比如政府与市场关系背后的规律、所有制结构背后的规律、国企改革背后的规律等，只有对这些问题作出系统化、理论化和本质化的解读和诠释，才能真正弄懂

---

① 习近平：《在哲学社会科学工作座谈会上的讲话》（全文），http://news.xinhuanet.com/politics/2016-05/18/c_1118891128.htm。

马克思主义。①

其四，中国经济学教育的课程设置要注重在中国文化和历史教学的基础上吸收和借鉴西方经济学理论。这也是除马克思主义作为中国经济学的基础资源外的另外两个重要资源，即中华优秀传统文化的资源和国外哲学社会科学的资源，尤其是中华民族有着深厚文化传统，形成了富有特色的思想体系，体现了中国人几千年来积累的知识智慧和理性思辨。这是我国的独特优势。② 因此，中国经济学的发展要重视对中国传统文化的传授和研读，强化对中国文化的培育和熏陶，克服经济学教育碎片化的倾向，将传统的中国文化与现代经济学融合提升中国经济学的文化和理论的厚重性和现实性。

从借鉴和吸收现代西方经济学的角度来看，不仅要注重教材本身的多元化，更要重视学科多元化建设的问题，即防止西方主流经济学教材一家独大的局面，同时对这些教材的内容必须严格审查，批判吸收。因为教材不仅是西方经济学理论传播的有力渠道，同时也是意识形态传播的重要渠道，世界上没有纯而又纯的哲学社会科学，③ 在西方经济学教材的选用上，必须要清楚研究者是为谁服务的，研究者生活在什么样的现实社会中，他研究什么，又主张什么。④ 比如对学生现有经济学的"三高"训练，在教学框架设计上应立足讲清理论模型的运用背景和现实意义，而不能简单化地推演模型甚至把经济学变成"奥数训练班"。因此，改革现有的经济学教育成为当务之急，一是植

①②③④　习近平：《在哲学社会科学工作座谈会上的讲话》（全文），http://news.xinhuanet.com/politics/2016-05/18/c_1118891128.htm。

根于中国文化和历史，推动经济学理论的扩展，使经济学的理论重于技巧，内容重于形式，真实性压倒虚构（各种假设）；二是精炼西方经济学的理论、概念、话语、方法，对其要有分析、有鉴别、有批判，适用的就拿来用，不适用的就不要生搬硬套，[①] 提倡和鼓励对西方经济学方法的学习。对于社会科学而言，只有民族的才是世界的，对于中国经济学同样如此。中国经济学大师只能诞生在对中国历史文化有深入了解，同时又植根于中国土壤并融入国际化背景的学者中。唯其如此，中国经济学才会成为世界主流经济学并得到国际认可。

其五，经济学研究的学术成果评价不能唯 SSCI 化。不能一味用是否有成果发表在国外核心杂志来评价从事经济学研究的学者，因为中国经济学的研究对象是中国经济，这一研究对象除了具有经济学的普遍性外，而且还具有一定的特殊性。中国经济问题的特殊性在国外主流杂志里还很难形成一个主要的话题，更不是西方主流真正关心的问题。因此，单纯用 SSCI 评价体系不但不利于中国经济学研究的推进和研究人员的培养，而且反而会扼杀中国经济学的研究和人才成长的机制。

其六，关于中国经济学研究的人员聘用问题。欢迎更多有志中国经济学教育和研究的海外归国人员投身中国经济学教育和研究中。但是，从制度层面来说，不能只招国外毕业的，不招国内毕业的，进而厚此薄彼，而是要有统一的标准和尺度衡量。招国外回来的学者，要

---

① 习近平：《在哲学社会科学工作座谈会上的讲话》（全文），http://news.xinhuanet. com/politics/2016-05/18/c_1118891128.htm。

考察他回来之后有没有成功转型，有没有中国意识，能不能把研究方法转过来、具不具备马克思主义理论素养[①]，这是判断的重要环节。在国外稍稍工作几年，有一定的经验，有转型能力的人是中国经济学教育和研究最需要的，但是具备马克思主义理论素养、立足中国，融入国际才是最关键的。

总之，中国悠久的文化传统、巨大的经济体量，决定了中国必须成为创新人类文明发展模式的重要参与者，也决定了中国经济学应该成为主流经济学的建构者。中国经济学界的使命就是要思考如何将我们几千年传统文化的精华，以及中国改革开放的丰富实践与西方文明的优秀部分融合和集成，升华出经济学的中国理论和中国话语体系，显示出中国经济学的主体性。中国经济学教育和研究的出路在于尽快扭转只在西方理论"笼子"里跳舞的不良倾向，自觉坚持以马克思主义为指导，自觉把中国特色社会主义理论体系贯穿教学和研究全过程，转化为清醒的理论自觉、坚定的政治信念、科学的思维方法，[②]同时立足中国现实，提炼中国问题，借鉴国外，融入国际，正确总结"中国理念"，科学概括"中国经验"，从而真正使中国经济学走向国际，引领国际。

---

①② 习近平：《在哲学社会科学工作座谈会上的讲话》（全文），http://news.xinhuanet.com/politics/2016-05/18/c_1118891128.htm。

中国经济学：回顾、总结与展望

经济学是一门历史发展的科学，是在一定经济社会背景下产生并随着经济社会变迁而发展。对于中国经济学来说，它一方面直接来源于马克思主义政治经济学，这一本质属性决定了中国经济学发展必须坚持马克思主义理论和方法，研究新问题，提出新理论，从而发展马克思主义政治经济学，实现马克思主义政治经济学的中国化；另一方面，中国经济学又是中国化的经济学。因此，中国经济学必须植根于中国实践，回答中国问题，并且伴随中国经济社会发展而发展。为了能够展开讨论，按照上面两条逻辑线索，本文仅就新中国成立后我国理论经济学的历史性发展以及这种发展与我国经济制度变革的相互作用，试着梳理其要，厘清其脉络，以期引发更深入的研究和讨论。

一、50 年代至 70 年代末：马克思主义政治经济学的奠基起步阶段

随着中国革命的胜利，马克思主义政治经济学在中国取得主导地位。这一时期，在国民经济得到全面恢复和发展的基础上，中国开始探索一系列以生产资料私有制的社会主义改造为前提的计划经济体制的制度实施条件。中国经济体制自 1953 年第一个五年计划开始，实行重工业优先发展战略，全面向计划经济转轨。毛泽东基于当时社会经济生活中出现的诸多新情况、新问题、新矛盾，提出了党在过渡时期的总路线，形成了"一化三改、一体两翼"的理论。中国经济学的任务也发生了根本转向，即从中国实际出发，探索一条快速实现从落后的农业国转变为先进的工业化国家的社会主义经济发展道路。

除了继续翻译出版和普及马克思主义政治经济学说，围绕总路线开展的社会主义改造和计划经济体制下的工业化成为经济理论界研究的核心内容。这一时期，经济学研究主要分为两大块，一是普及和学习马克思主义经典作家的著作；二是从经典作家的著作中寻找支持现行路线、方针和政策的理论根据，并对后者加以诠释，增强其在理论上的合法性。如在社会主义基本经济规律、社会主义制度下商品生产和价值规律作用以及按劳分配等问题的研究方面形成了一系列以马克思主义理论为指导的研究成果。与此同时，不断探索计划经济体制下

的宏观与微观运行机制。在宏观体制方面，探讨重工业与轻工业的关系等；在微观经济运行层次，在农业领域主要探讨农村生产队的运行机制，在工业领域主要研究国有企业的运行机制。

应当注意到，首先在传统计划经济时代，整个社会生活泛政治化，经济学研究也不例外。以毛泽东为核心的中国共产党第一代中央领导集体试图从本国实际出发，依据对马列主义的理解并参照苏联社会主义实践，建立我国的社会主义计划经济体制及与之相应的产品型按劳分配模式。进入50年代后期，这一模式的实践特点尤其偏重于经济活动中劳动者在政治思想上的主体性，并且把这种主体性归于思想认识问题，即主体意识问题成了这一时期经济利益实现的要害与核心。这就意味着经济问题政治伦理化了，经济活动政治化的结果自然导致劳动者和生产企业不是独立的利益主体。因此，这一时期的社会主义经济理论与实践常常把马克思的一些具体设想当成不可违逆的圭臬，而把马克思重视生产力发展从而重视人在劳动中的主体性解放这个更重要的思想丢在了一边。

其次，在社会主义经济建设初期，中国十分重视苏联的经验，特别强调高度集中统一。但很快毛泽东就发现苏联的一些经验并不完全适合中国国情，强调在学习苏联和别国经验的同时，一定要结合自己的实际。1955年底，他在党内首先提出了如何以苏联经验为鉴戒，探索适合中国情况的社会主义建设道路的重大问题，并开始组织大规模的调查研究。1956年4月，毛泽东发表了《论十大关系》的讲话，指出：要独立自主，调查研究，摸清本国国情，把马克思列宁主义的基本原理同我国革命和建设的具体实际结合起来，制定我们的路线、方针、政策。在新民主主义革命时期，并不是一开始就认识到这一点，而是走过了一段弯路，经过不断的探索和总结经验教训才成功地实现了这种结合，并取得革命的胜利。在社会主义革命和建设时期，提出进行第二次结合并找到在中国进行社会主义革命和建设的正确道路。但在整个计划经济时期，我国政治经济学的体系结构主要来源于由斯大林组织、苏联科学院经济研究所编写的《苏联政治经济学教科书》(1954 年出版，中文版于 1955 年在我国出版)，它的体系结构对我国政治经济学教材产生了重要影响，形成了难以摆脱的"苏联范式"。斯大林有关计划经济的理论和实践，作为一种政治标签，计划经济一开始就被当作社会主义经济制度区别资本主义经济制度的本质特征。从此，社会主义就不再是亿万人民群众生动活泼的实践。相反地，它完全蜕变成一种抽象的制度公式—— 社会主义 = 公有制 + 计划经济 + 按劳分配；并且，在这个公式中，所谓公有制也僵化地被理解为仅仅是唯一的、纯而又纯的全民所有制特别是国家所有制。

这一时期经济学界比较著名的理论争论有三起，即 50 年代后期围绕马寅初"新人口论"的争论，50 年代末、60 年代初围绕李平心"生产力理论"的争论，50 年代后期、60 年代初围绕价值规律和孙冶方价值规律论展开的争论。马寅初的"新人口论"的核心观点是主张人口增长要与社会经济发展相协调，反对人口盲目增长。本来马克思主义经济学完全能推出这一结论，但是，由于政治上的原因，马寅初及其"新人口论"受到批判。李平心的"生产力理论"核心是在马克思主义经济学的框架内强调生产力的重要性，将生产力的"社会联系"看成生产力的社会属性，这一点在那个特别强调生产关系的年代被批判为将生产关系当成生产力的附庸。至于围绕商品生产和价值规律引发的争论，实际上是计划经济理论和意识与不能取消商品和货币关系的社会经济现实之间的矛盾冲突在学术领域的反映。从学术上讲，五六十年代发生的三大理论争论基本上都属于在马克思主义经典理论诠释上的分歧，却被赋予了强烈的政治色彩。

不可否认，中国经济学在这一时期的发展正是马克思列宁主义在中国全面推广以及探索马克思主义中国化的重要展开时期。早在新民主主义理论的创建过程中，毛泽东就正式提出"马克思主义的历史主义"，并通过中国的历史和国情深刻认识现实国情，提出中国社会发展的方向和社会革命的任务。1938 年毛泽东在党的六届六中全会上指出："共产党员是国际主义的马克思主义者，但是马克思主义必须和我国的具体特点相结合并通过一定的民族形式才能实现。"此后，毛泽东陆续发表了《〈共产党人〉发刊词》、《中国革命和中国共产党》、《新民主主义论》等著作，用马克思主义基本原理对中国封建社会经济历史和近代以来的社会经济历史作了精辟的论述，在此基础上创立了新民主主义理论。毛泽东指出："明白了中国社会的性质，亦即中国的特殊的国情，这是解决中国一切问题的最基本的根据。"新民主主义革命是社会主义革命的必要准备，社会主义革命是新民主主义革命的必然趋势。新民主主义社会的前途必然是社会主义，而不是资本主义。这是马克思主义政治经济学在中国发展的重要成就。

二、70年代末至1992年：马克思主义政治经济学得以发展

中国共产党具有实事求是、群众路线、独立自主的传统是中国率先突破苏联模式的一个根本原因。正是由于这个传统，"四人帮"垮台不久以后就发生了真理标准的大讨论，重新确立了解放思想、实事求是的思想路线。这是建设中国特色社会主义的历史起点和逻辑起点。如果不是实事求是、群众路线、独立自主在中国共产党内深深扎根，也不可能在1982年召开的党的十二大上强调不能照抄照搬苏联模式并提出建设有中国特色的社会主义这个主题。

中国共产党秉承"实事求是、群众路线、独立自主"传统成功突破苏联模式。一方面苏联教科书式的马克思主义政治经济学无法解释中国的经济体制改革；另一方面中国经济进入国际市场需要熟知市场经济规则和国际市场惯例。中国经济学界在这一时期大量引入西方主流经济学理论，经济学者尝试用西方经济学术语来阐释中国新的经济现象和变革趋势，为中国经济体制转轨和经济发展提供指导。同时，形成于50年代的东欧经济学也对改革开放初期我国的经济体制改革产生了一定的影响。80年代，由匈牙利、波兰、捷克等东欧国家开始，蔓延到苏联的"市场社会主义"改革，与社会主义市场经济不完全相同。东欧国家的改革，实行国家所有制并发展市场，取消"命令经济"。改革产生了一些变化，但是不彻底。总之，偏离中国"问题意识"和中国"国情意识"的"拿来主义"毕竟无法真正解决中国经济

问题。

1978 年党的十一届三中全会提出以经济建设为中心，开始了改革开放的历程。在改革的实践摸索中，以邓小平为核心的党的第二代中央领导集体坚持和发展了党的实事求是、群众路线、独立自主的优良作风，极大地发展了社会主义理论，不仅提出了社会主义初级阶段理论，还突破了传统计划经济体制理论，提出社会主义初级阶段是建立在公有制基础上的有计划商品经济，推动了城市经济体制改革的全面展开。

邓小平理论指导下的中国改革的功绩就在于它对经济主体活力的强调上，这个"活力"正是改革初期马克思主义政治经济学中国化发展的精髓，它在一定意义上讲，就是要增强劳动者在劳动中的自主性和能动性。

社会主义国家长期以来形成的一种观念认为，只要保障了劳动者在政治上的主体地位，并使他们自觉意识到这种主体地位，那么他们在生产劳动中的主体能力的发挥、发展就是自然而然的；正是在这种观念指导下，社会主义国家在劳动生产率和劳动主体性上存在的大量问题极少有人去研究。中国改革在初期的突破，就是强调了功能效用，而不囿于所谓的"姓社姓资"问题。事实上，强调功能效用，不是不要本质，而是从功能效用的角度看待本质，马克思对资本主义不合理性的批判，就是从它阻止和破坏生产力的继续发展、扼杀人在劳动中的自主性、能动性和创造性这个角度入手的。在批判中，马克思从发展生产力，解放人在劳动中的主体性的角度出发，基于未来发达生产力的情况对成熟社会主义的生产关系及其相适应的交换关系作了精辟的设想和论证。

与此同时，在反思苏联模式的基础上中国产生了一系列具有中国特色的经济学思想和观点，并形成了有效的经济政策。如社会主义商品生产的理论和政策、农村家庭联产承包责任制的理论和政策、价格改革的理论和政策，等等。这些理论和政策都是马克思主义基本理论与中国社会主义改革和发展具体实践相结合的成果，大大促进了中国经济体制转轨和经济的增长与发展。

这一时期，学术界主要研究有计划商品经济理论，肯定了商品经济存在的合理性。同时围绕有计划商品经济理论研究，在经济运行机制上形成了国家调节市场、市场引导企业的理论，在价格体制方面提出了价格双轨制理论，在国有企业改革方面提出两权分离的理论等。一部分经济学者秉承马克思主义经典理论，有相当长一段时间仍然以论证和诠释现行的路线、方针、政策为"职志"，努力从马克思主义经典著作中为改革开放寻求理论支持，起到了从理论上证明改革开放合法性的作用。另外还有一部分经济学者，特别是改革开放以后成长起来的年轻一代经济学者，知识结构发生了巨大变化，眼界大大拓宽，且随着现代西方经济学文献逐渐流入中国，纯粹以传统的马克思主义政治经典著作为圭臬的年轻学者已不太多，现代西方经济学理论和方法逐渐被新生代年轻学者接受并传播。

这一时期学术界的研究路径大致有两条：第一条路径，主要表现为在经济理论上拨乱反正，澄清理论是非，准确理解马克思经济理论著作所阐述观点的含义，对马克思主义基本经济理论进行深入研究并在继续坚持马克思主义政治经济学基本结论的基础上，对其进行谨慎发展。第二条路径，通过大量介绍现代西方经济，来影响我国理论经济学的建设。开始是由国家教委牵头组织专家办讲习班，由经济学家进行专题讲座，向国人介绍西方经济学基础知识。这种讲座先后搞了十几个专题，产生了较大影响。后来又将这些讲座编辑成册出版，散发于社会，成为现代西方经济理论对我国经济学界的第一次推动。

三、1992 年至 2005 年：马克思主义政治经济学受到西方经济学的冲击，出现被边缘化的危险

90 年代初期开始，中国加快了由计划经济体制向市场经济体制转变的步伐。邓小平在 1992 年春南方谈话中讲的三个"是否有利于"，即是否有利于发展社会主义社会的生产力，是否有利于增强社会主义国家的综合国力，是否有利于提高人民的生活水平，就是对囿于本质问题陈旧观念的否定，体现了马克思主义经济学重视生产力发展从而重视人在劳动中的主体性解放这个重要思想。中国率先成功地走向市场化取向改革，从主观条件说，最根本的一条是形成了以邓小平为核心的党的第二代中央领导集体。党的十四大报告明确提出，我国经济体制改革的目标是建立社会主义市场经济体制。至此，理论界对社会主义的认识最终从传统的计划经济思想中彻底摆脱出来，比较一致地认识到市场经济与社会主义基本制度相结合，建立社会主义市场经济体制是中国经济改革的基本目标。

在这一阶段，中国经济体制改革的重要内容是理顺社会主义初级阶段的利益分配关系，尤其是针对社会主义市场经济体制背景下，国

家、企业、个人之间的利益调整，而利益调整的目的主要在于增强企业和职工发展生产的动力与活力。无论是利改税，还是承包制或股份制，都在相当程度上以利益要素作为主要内驱力来发挥、发展企业和职工的劳动主体性，大力促进了社会生产力的发展。允许一部分人先富起来的政策，更加强化了这种利益驱动机制，外资企业、民营企业、三资企业等大量涌现，它们对国有企业造成的利益压力又反过来促使国有企业加快改革、深化管理，使整个中国经济呈现勃勃生机。这一阶段学术界围绕发展市场经济这一中心，在理论上进一步研究了计划与市场的关系，进一步明确了社会主义为什么搞市场经济以及怎样搞市场经济的问题，研究成果集中表现为多种所有制并存理论的提出与社会主义市场经济理论雏形的形成。

老一辈经济学家对传统马克思主义政治经济学进行理论创新，深入到政治经济学的基本范畴和基本理论，对价值、资本、剩余价值等基本范畴和劳动价值理论、资本积累理论等基本理论作了重新解释，适应了社会主义市场经济发展的要求；进而对农村体制改革、国有企业改革、分配体制改革等问题从社会主义初级阶段利益分配关系的角度进行了深入探讨，从而为马克思主义政治经济学的中国化发展和创立中国特色的社会主义市场经济理论奠定了基础。

同时，对市场经济运作机制方面的理论需求也使西方经济学理论和应用经济学理论得到迅速发展。在这种情况下，现代西方经济学在中国重新开始普及，并在年轻一代中受到重视。从中国的经济学发展历史来看，最早进入中国的现代经济理论是西方经济学，其影响尽管历经跌宕起伏，但始终蔓延不绝，而且在改革开放后适应中国市场经济体制建设需要而日益扩大。西方经济学为我们提供了经济学的现代方法，大大推进了中国的经济学发展。但在这一阶段，西方经济学特别是新自由主义经济学在中国经济学界处于强势地位，对中国经济学以及中国经济政策产生了十分重要的影响。

我们必须看到，西方经济学这种非历史主义的和高度抽象的理论并不能彻底解决中国经济发展的现实问题，对中国经济学发展也会产生某些不良影响。西方经济学以其理性主义和"普世价值"为主要武器，试图消除历史差别和民族差别，全面整合各种不同的市场游戏规则和不同国家的经济利益，其负面影响越来越不容忽视。马克思主义方法论是马克思主义中国化所遵循的重要路径。这是因为马克思主义方法论既主张人类社会发展存在共同规律，同时也承认不同民族的不同历史，主张普遍真理与具体实际的结合，而在学术建构上采用逻辑与历史一致的方法。马克思主义方法论在经济学上的体现更主要在于马克思主义基本原理与中国具体实践的结合。从中国经济学学术建构角度看，一方面要避免西方经济学"非历史主义"倾向，发挥其现代研究方法和工具优势，为中国经济学的当代建构提供现代性工具；另一方面要挖掘中国传统资源，立足中国国情，为中国式道路的形成、演化和发展提供历史唯物主义阐释。早在 1994 年初，程恩富教授在《21 世纪：重建中国经济学》一文中就以此为逻辑起点对中国经济学的发展阶段和前景作了开创性的总体判断，之后引起连锁反响。

1995 年开始，中国经济学界出现了持续的关于中国经济学发展方向的争论，有些学者提出要用新的范式取代传统政治经济学，并应致力于经济理论研究的国际化、规范化和本土化。他们讲的是西方经济学的国际化与本土化，是用西方非马克思主义理论来代表放之四海而皆准的一般理论，代表普遍规律。这些人不反对西方经济学的本土化，也不反对联系中国的实际，其中也有些人主张应该有中国经济学。但是，其主流是主张按照西方的模式来建立中国经济学。

面对这一时期中国马克思主义政治经济学被边缘化的危险。刘国光教授在2005年的"7·15讲话"中指出，对中国经济学教学和研究中出现的问题要引起高度重视。刘国光教授提出，中国经济的改革、开放与发展，必须坚持马克思主义政治经济学的指导地位，而绝不能依赖于西方资产阶级经济学，这反映了我国经济学教学与研究领域实现科学发展的客观要求，这方面需要我们深入领会。

这一时期经济理论界有两条研究路径：一是运用马克思主义的基本经济理论指导和解释中国的经济体制改革和经济发展，如通过对马克思所有制理论、计划与市场理论、按劳分配理论等的深入探讨，为中国市场取向的经济改革提供理论基础和政策解释。二是试图按照西方的思维模式和逻辑进行经济理论的再创造。但由于这种思维模式和逻辑脱离我国实际，甚至经常用一些复杂的语言和范式来描述一个极其简单的现象和问题，洋洋万言、结论简单，因此，往往"好看不中用"，至今未形成任何有价值的成果。

四、2005 年至今：马克思主义政治经济学的中国化与发展

这一时期，围绕和谐发展这一主线，我国经济体制改革在理论和

实践上取得重大进展。我国的社会主义市场经济体制初步建立，公有制为主体、多种所有制经济共同发展的基本经济制度已经确立，全方位、宽领域、多层次的对外开放格局基本形成。在此基础上，党的政策又有了新突破，全面系统阐释了科学发展观，首次提出转变经济发展方式等新理论。党的政策的新突破标志着中国特色社会主义经济制度和经济理论体系已经基本形成。这一阶段，学术界围绕社会主义市场经济体制的完善、国有企业改革、非公有制经济发展、自主创新能力培育、社会主义新农村建设等问题进行研究，同时对改革与发展中出现的收入分配问题、区域差距拉大问题、宏观调控体系不完善、农业发展滞后等问题进行研究。总之，这一时期中国经济学围绕和谐发展问题全方位、多视角地研究完善社会主义市场经济体制，推动了中国特色社会主义政治经济学的发展。

中国经济体制改革创造了一种生产力发展的新模式，这是对经济学的一次巨大挑战，同时也对经济学的创新提出新的要求。中国经济体制改革后的生产力发展呈现出一些新的特点。生产关系调整，并没有呈现西方主流经济学强调的私有制主体地位，不过，社会主义的公有制经济也与计划经济体制时期大相径庭，结果出现了公有制经济为主体，多种所有制经济共同发展的格局。这样的所有制结构是所有取得经济成功的国家都不曾见到的。但是，就是在这样的所有制结构下，中国经济实现了历史性的增长。对此，西方经济学的生产力发展理论不能解释，马克思主义经典文本也没有现成的答案。

从近代以来影响中国社会和变革的思潮来看，存在着三条源流，即中国传统思想、马克思社会主义思想和西方资本主义思想。由于经济学的现代性特征，中国传统经济思想对中国经济学建构隐匿在经济学主张的政策理念之中，如平等思想、重农思想，调控思想等。马克思主义在中国化的历史过程中一直主导着中国共产党的经济社会政策，也主导着当代中国马克思主义政治经济学的发展。

从认识中国社会发展和确认中国历史发展阶段开始，到明确中国社会革命和经济发展的历史任务；从中国革命性质和中国共产党历史使命的认识，到提出中国新民主主义经济政策纲领；从社会主义过渡时期总路线的提出和三大改造的完成，到社会主义计划经济和建设的实践；一直到改革开放、确立社会主义初级阶段和社会主义市场经济体制的建立、公有制的实现形式和社会主义初级阶段的基本经济制度理论以及科学发展观的提出。总之，从研究中国历史国情开始到把握现实国情，一直到确认不同历史阶段的方针政策，都体现了中国人民对民族历史与民族利益的尊重和现实中国社会发展道路选择之间的承继和递进关系。这正是马克思主义与中国经济学当代建构之间的本质联系。

从我国经济体制演变六十余年的发展路径来看，经济发展方式的最大变化，是确立了公有制为主体、多种所有制经济共同发展的基本经济制度；社会主义市场经济体制取代了传统计划经济体制，财富的利益分配驱动机制使得个人、企业的付出与其回报紧密相联，从而发挥与发展了亿万劳动者的主体性与创新精神，释放出传统计划经济时代从未有过的巨大生产力。

然而单方面追求财富最大化的利益分配驱动机制是把"双刃剑"：一方面激励了财富的生产，另一方面强化了财富的权力；从而导致财富生产的目的不是为了满足消费者的需求，而是为了满足握有生产资料所有权的人积累财富的欲望。当前，我国出现的种种危机与问题恰恰是这一矛盾的集中体现。

要走出中国发展的困境，关键是改变单方面追求财富最大化的利益分配驱动机制。马克思主义政治经济学认为，分配的实质是利益分配，尽管利益分配往往通过财富的收入分配制度来体现，但利益分配的本质却在于利益主体的确立及其相应的分配结构。而利益主体的确立不仅是物质利益的确立，更关键地在于利益主体在生产经营活动中体现出来的主体性权利即主体所有权及其相应权能的实现。然而，无论从我国现阶段的国情来看还是从已有的社会主义实践来看，缺乏某种外在压力的环境条件决不是现阶段主体性权利，尤其是劳动者主体性权利发挥发展的可能性条件，更何况这种压力就来自我们不得不面对的现实——社会主义市场经济体制。

中国体制改革的启动直接同"文化大革命"造成的危机相联系。东西方的经验都表明，危机的发生、忧患意识的形成是社会主义国家体制变迁、完善及其相应理论发展的必要条件。正是面临这样的关键性历史大背景下，中国经济学迫切需要积极实现马克思主义政治经济学的中国化，用中国发展的经验丰富和发展马克思主义政治经济学。

这一时期代表性的标志，就是中国社会科学院马克思主义研究院的成立以及中国各高校马克思主义学院的成立。

怎么理解马克思主义政治经济学的中国化？程恩富教授提出"马学为体，西学为用，国学为根，世情为鉴，国情为据，综合创新"，是一种很好的表述。也就是说，要以马克思主义政治经济学为根本，以西方非马克思主义经济学知识和合理元素为借用，以古近代的经济思想资料为弄清中国国情特征的历史源头，进行可持续的综合创新和理论超越。近年来，中国马克思主义政治经济学在遵循"马学为体、西学为用、国学为根、世情为鉴、国情为据、综合创新"方面，做了大量学术工作，反映在国际化、应用化、数学化和学派化这四个学术走向上，进展较快，成果丰硕。具体来说，中国马克思主义政治经济学研究除继续关注中国的发展外，也逐步扩大了国际视野，加强了其在世界马克思主义政治经济学界的平等交流和"话语权"，得益于与西方主流经济学界的对话和论争，增强了对整个国际知识界的影响力。此外，中国马克思主义政治经济学也出现了被运用、拓展到部门经济、应用经济和专题经济的学科中去的情势；同时，中国马克思主义政治经济学的数学化，更加有利于弥补现阶段政治经济学研究中的部分缺憾，促进其理论的传承和创新，真正体现中国经济学的时代特征。目前国内政治经济学研究领域已开始形成一些影响程度不同的学派，如以中国社会科学院和上海财经大学为研究基地的新马克思主义经济学综合学派等。

五、中国经济学的使命和未来展望

从发展的角度看，中国经济学的建设仍然存在着诸多不足与缺陷：

第一，研究方法与思维方式的缺陷。历史惰性使得社会既得利益集团的行为准则在对于抽象思维与现象描述的关系上，往往选择"双重标准"：在人与自然的关系上，既研究抽象思维又研究现象描述，既接受实证哲学又不排斥唯物辩证法，既承认科学也承认技术；但在人与人的利益关系上，只研究现象描述而不研究抽象思维，只接受实证哲学而不接受历史唯物观，只承认技术而不承认科学。简单说来，他们只承认事物现象之间的联系，而不承认现象背后事物间的本质联系。

这方面尤其体现在经济学的规范化与学术化上。中国经济学的进步之一是引入了西方经济学的某些理论与技术，推动了经济学研究的规范化。但是又出现了过度工具化和数学化问题，现在是矫枉过正的时候。数学工具作为一种研究方法，其本身并没有问题，且新的经济学理论如能被数学模型解释和检验则更具有说服力，更容易被学界所认同。数学模型作为一种研究工具本身并没有问题，问题在于照搬西方经济学的分析模式与方法，常常把一个简单的社会经济现象搞得过于复杂，掩盖了真相与本质；甚至用西洋化的方式、逻辑和语言进行"洋八股"式的现象描述，而这正是中国经济学界目前"流行"的怪象。因此，在提倡"中国现实问题的学术化"这一最高境界时，不仅需要甄别数理光环下隐身的单纯描述性现象解释，还需要不再拒绝当前还无法用数学模型验证的根植于本土现实世界的具有高度创新性的思想萌芽。

第二，研究对象与路径的缺陷。不是将研究对象定位为实实在在的经济实践，从实际出发开展研究，而是强调本本（包括传统的马克思主义本本和当代西方经济学本本），首先从本本出发。这种对象选择和路径定位是与经济学的本质要求相抵触的，因此很难形成有价值的成果。进一步看，在全球化中获得利益的国家，往往赞同自由化，而在全球化中受损的国家，往往抵制自由化。这实则是一场利益之争。跌宕起伏的经济学潮流实为不同时期的国别经济学理论所左右，反映了占主导的国家的利益。中国经济学的构建同样要基于中国实践，体现中国经验、中国利益。

中国当前的问题本质上是发展问题。国际主流的经济学理论主要是以西方发达国家的市场经济为其研究环境，而这必然限制其对发展中国家的解释力。事实上，在浩如烟海的经济学文献中，有关的研究通常是零散而不成系统的，而且也还没有进入国际学术界的主要研究领域，现代经济学的许多研究方法更没有很好地被用于研究发展问题。因此，"发展中国家经济学"亟待发展，这对于发展中国家经济现象和发展战略的研究具有重要意义。全球的发展中国家共有148个，占全世界人口的82%，但是它们的经济现实却无情地被现代主流经济学所忽视。对发展中国家经济现象和发展战略的研究必然拓宽现代主流经济学的视野，推动经济学研究迈上一个更高的层次。因此，以中国经济为素材，融入发展现象和发展战略的经济学研究必然成为未来世界经济学发展的主流。

第三，研究目标的缺陷。无论是过去，还是现在，我国经济理论界一直是喜欢从建立完整的理论体系入手，"贪大求全"地开展经济理论研究。实践证明在经济发展还不充分，从而还不具备开展系统研究的条件下，要搞出一个完整的理论体系，是不现实的。这样做，不是使理论研究工作陷入空想，就是使研究结论脱离实际。正确的选择只能是从实际出发，从已经具备的条件与可能出发，通过深入的社会经济调查，发现和抓住问题，由此展开个案分析和专题研究，并通过这些个案的分析和专题研究，找出各种现象间的内在的和普遍的联系，再从中抽象出带规律性的结论，最后才能用这些结论指导实践（包括理论实践和经济实践）。

要解决这三大问题，不能企望"毕其功于一役"。可以不妨从我国当前发展理论研究中出现的典型性新动态寻找个案分析和专题研究作为突破口。第一，以人的发展为中心的多目标多方面的科学发展观，取代了以物为中心的增长观。最初，社会发展被等同于经济增长或资源优化配置，发展主体的非人化倾向强烈。现在，强调发展主体的人性化，把人的发展和改善作为社会是否发展或现代化的衡量标准。第二，发展从对进步的关注，扩大到对发展引起的问题和代价的重视。最初，人们不单是把发展等同于经济增长，而且也把发展作为社会进步的同义语。现在，人们看到，发展实践伴随着还有巨大的灾难，发展带来的问题与我们提供的机会是一样的大，发展既包括进步，也包括代价和问题。第三，从单一的地域性发展模式到作为世界性现象的发展观的转变。最初，发展被设想为各个民族、国家内部的区域性过程，现在，人们看到，社会发展形成于一种特定的世界体系之中，发展应当作为世界性现象去理解。

世界著名中国史学权威费正清，在临终前完成了他最重要的著作《中国：一部新的历史》（1994）。其序辞发人深省："19 世纪 90 年代，中国思想终于开始现代革命。人们很快就会明白：没有任何外部的发展模式符合中国的现实，的确有许多模式可供中国借鉴，却不会有哪一个适合中国。富有创造性的中国人民只能依照自己的方式，为自己寻找救赎之路。中国人民拥有自己独特的过去，也必将拥有自己独特的未来。然而,令无数人深感不安的是,当我们就中国之命运得到上述结论之时,人们突然意识到:整个人类(我们一直自以为高明的人类)却正在跌入危机深渊。20世纪里,人类自作自受的各种灾难、死亡、对环境肆无忌惮的攻击和破坏,业已超越以往一切世纪之总和。或许,中国此时加入外部宏大世界的毁灭竞赛,正好加速人类自身的彻底崩溃……文艺复兴时,欧洲资产阶级学者首先关注的是自己历史上'古代'辉煌时期的希腊文明、罗马法律,从中发掘其原生文明基因中的瑰宝,进而促使欧洲的崛起。中国人缘何还要一而再、再而三地'舍本逐末'"?

邓小平在中共十二大开幕词中语重心长地指出:"中国的事情要按照中国的情况来办,要依靠中国人自己的力量来办。独立自主,自力更生,无论过去、现在和将来,都是我们的立足点。"[①]中国经济学毕竟是致用之学,它与任何其他社会科学一样,倘若不植根于中国实际,终归只能是空中楼阁。因此,中国经济学必须认真发掘中国原典文明基因之瑰宝,立足中国实践,回答中国问题,增强自信自觉,进而使之现代化,形成中国特色、中国气派、中国风格的中国经济学。这正是中国经济学家当下所面临的极其迫切的历史任务。

(本文与谭芝灵合著)

---

① 《中国共产党第十二次全国代表大会开幕词》(1982年9月1日),《邓小平文选》第3卷人民出版社1993年版,第3页。

附　录
中国经济学如何走向世界

●对话人

林毅夫　北京大学国家发展研究院名誉院长

蔡　昉　中国社会科学院副院长

周　文　复旦大学中国研究院副院长

●主持人

记者　张　雁

缘起：2015 年 11 月，习近平总书记在主持以"马克思主义政治经济学基本原理与方法论"为主题的中共中央政治局第二十八次集体学习时强调："要立足我国国情和我国发展实践，揭示新特点新规律，提炼和总结我国经济发展实践的规律性成果，把实践经验上升为系统化的经济学说，不断开拓当代中国马克思主义政治经济学新境界。"改革开放三十多年来，得益于中国特色社会主义经济的伟大实践和不断创造的历史辉煌，中国经济学理论研究成绩斐然，创造性地提出了一系列符合中国国情和时代特点、闪烁着中国智慧、具有中国特色的经济学理论成果。但毋庸讳言，对西方学术的盲目"迷信"和"崇拜"，也在一定程度上妨碍了中国经济学界的独立思考和理论创新能力。主流经济学历来是大国经济学，未来的中国经济学应如何走向世界？如何构建一个立足中国国情与当代中国实践，具有鲜明中国特色、中国风格、中国气派的经济学学术体系和话语体系？中国的经济学者该如何承担历史赋予的责任？这是值得学界深入思考的话题。为此，经济学专刊特邀林毅夫、蔡昉、周文三位学者就此展开对话。

主持人：我国改革开放三十多年来，成功走出了一条自己的经济发展之路，创造了举世瞩目的"中国奇迹"，其中蕴含着丰富的实践创造和鲜活的宝贵经验。有一种说法，谁解释清楚了中国经济现象，谁就能够拿诺贝尔经济学奖。这一方面说明，中国的经济发展具有一定的特殊性；另一方面也说明，现有的西方经济学理论不足以解释中国经济现象。能否认为，中国的经济发展为经济学理论创新提供了新的历史契机？

林：理论的创新总是来自一些新的不能被现有理论解释的现象，我国经济改革和发展过程中恰恰充满难以用现有理论解释的新现象。国际上不少著名经济学家对我国改革开放过程中的许多现象屡屡作出不正确的判断，其原因应该出在现有的主流经济学理论上。现有的经济学理论在分析转型和发展问题方面存在根本缺陷，比如，对我国双轨制改革的前景和经济的可持续发展充满悲观，认为中国经济随时会出大问题。

按照西方经济学理论开出的药方，中国改革就应该推行以"华盛顿共识"为基础的休克疗法，其理由是：一个经济体要有效运行，必须有一定的制度保证，包括价格由市场决定、产权私有、自由化、政府平衡预算。但是，我国的改革开放并没有遵从华盛顿共识，而是推行渐进式、双轨制的改革开放，对缺乏效率的大型国有企业没有立即私有化，而是继续给予转型期的必要保护。由此，我们这样一个人口众多、底子薄的国家维持了三十多年长时间的快速增长，创造出了人类经济史上不曾有过的奇迹。

蔡：最主要表现在对中国特色的改革开放和发展的理论解释上。经济学理论的发展不在于数学模型，而在于解释力和经世济民的实效。过去三十多年，中国实现了世界经济史上罕见的高速增长，创造了减贫奇迹，经济学在其中无疑发挥了积极而显著的作用。

理论成果看上去是滞后于鲜活的实践的，但许多学术成果和对实践的总结，有助于在顶层设计中帮助决策，提高国家治理能力，这是为什么经济学能够成为"显学"的原因。西方经济学也讲发展理论，也讲制度变迁，但中国的经济改革并没有遵循新自由主义归纳的那些教条——如"华盛顿共识"，而是从中国国情出发，着眼于"三个有利于"，选择了顶层设计、"摸着石头过河"和地方政府与群众实践相结合的渐进式改革方式。中国经济学者如果能够对此进行很好的总结和理论提炼，就是打破了西方经济学"神话"和"圭臬"的经济学理论创新。

周：中国三十多年的改革开放，不但在实践上创造了经济增长的奇迹，在理论上也有很多丰硕成果。比如，对政府与市场关系的认识过程，就体现了中国经济学者的理论创新。在传统西方经济学理论中，政府与市场是此消彼长、相互替代的"零和关系"，而中国的改革和经济增长实践则证明了两者可以是互补的"正和关系"，林毅夫教授把它精炼为"有效市场与有为政府"的结合。再比如所有制结构理论、价格双轨制理论、收入分配理论，这些都是对经济学理论的创新和贡献。

从科学性和成熟度来看，中国的经济学理论或许在西方经济学者看来是难以理解和认同的，但经济学作为一种入世的学科，经世致用才是其目的和本质。自改革开放以来，中国的经济学理论一直以中国人能理解的语言履行着自己的使命，立足中国实践，解决中国问题。以西方经济学界对科学完美性的标准，是无法理解中国经济学理论的水平和成就的。但中国经济三十多年的飞速发展，中国社会三十多年的巨大变迁，本身就证明了中国经济学理论的成功。

主持人：三位都认为应该总结中国经济实践中成功与失败的经验，并将其上升到理论的高度，作出系统性的经济学理论总结。能否这样理解：中国是一个典型的发展中国家，从中国发展经验中总结出来的经济理论，可能更侧重于发展与转型，因而也更能够为广大发展中国家的经济发展提供理论借鉴作用？

林：第二次世界大战以后，亚非拉各个发展中经济体取得了政治独立，开始追求国家现代化。当时国内知识界普遍有一种认识，认为西方发达国家之所以发达一定有其道理，因此积极到西方国家学习，希望把西方理论拿回来运用，帮助我国实现现代化。但仔细研究过去70年的历史，至今还没有发现有哪一个发展中国家按照西方的理论去制定政策并让国家成功的。极少数的几个成功的国家或经济体，它们主要的政策在推行之时，从西方主流理论来看都是错误的。

造成这种现象的原因是理论的适用性决定于条件的相适性。发达国家的理论是总结发达国家的经验而形成的，但发达国家和发展中国家的条件不一样，因此这个理论拿到发展中国家会出现淮南为橘淮北为枳的问题。其实，发达国家的理论在发达国家也不一定适用，所以才会有旧的理论不断被新的理论替代的情形。

现在世界上85%的人口生活在发展中国家，中国作为发展中国家和转型中国家，跟其他发展中、转型中国家的条件是比较相似的。中国经济学家根据中国的成败经验总结出来的理论，对广大发展中国家的借鉴意义会比发达国家的理论要高很多。

蔡：中国的经济改革和发展是从特有的国情出发的，避免了生搬硬套，这本身就是一个重要的经验，值得上升到理论的高度，成为一般性规律，并以此丰富经济学知识宝库。

与此同时，中国的实践与发展中国家的经济发展道路有诸多共同之处，有大量成功经验和走弯路的教训，值得用科学的方法提炼、概括和抽象，创建更符合发展中国家实际的发展经济学。例如，中国减贫扶贫的成功经验为世界瞩目，也受到许多发展中国家的羡慕；中国经济体制改革、向市场经济体制的转型，也以其特有的方式而著称。"华盛顿共识"在国际经济学界广受诟病，只有中国经验能够提供另一种成功的选择，中国学者有责任把这些经验从工作层面上升到理论高度。需要强调的是，我们要用经济学的方法来理论化，否则传播的范围就不够。

周：中国奇迹是西方经济理论无法解释的，在这个人类经济发展史的奇迹背后，一定潜藏着当代主流经济学没有完全涵盖的经济逻辑。

对"中国经济学"的呼唤，不仅是对更具解释力的经济学理论的一种诉求，更是对经济学整体普适性提升的一种渴望。未来的中国经济学必须顺应经济学发展趋势，既能对特定的中国问题做出现实性的解释，又能推动经济学方法论的变革，进而推动经济学理论的整体进步。

主持人：三十多年改革开放的实践经验为经济学理论的成长与创新创造了肥沃的土壤，但中国经济在实践上的探索远快于经济理论本身的发展，经济学理论的研究和学术创新还明显落后于实践和时代的要求，经济学者依然任重而道远。展望未来，应如何发展新的经济学理论，引领中国经济实践朝着健康、可持续的方向发展？

林：20 年前，我发表了《本土化、规范化、国际化》这篇短文，倡言以规范化的方法来研究中国本土经济问题，并断言若能如此，不仅可对我国的改革发展做出贡献，也可以对世界经济学理论的发展做出贡献。

经济学理论是用来解释社会经济现象的一套逻辑体系，要推动经济学理论的发展，首先必须把要解释的现象理解透彻，弄清楚哪些是产生我们所观察到的重要、错综复杂的社会经济现象背后的主要经济、政治、社会变量，然后才能构建一套简单的逻辑体系，说明这些重要变量之间的因果关系，并以此来解释所观察到的现象。因此，吃透所要解释的经济现象是经济学理论创新的第一步。

在我国的经济学理论研究走向国际化的过程中，学习掌握现有西方经济研究已取得的成果是必要的，但在运用外来的现成经济理论来分析、理解我国经济改革和发展过程中所出现的问题时，切忌生搬硬套。只有经过"创造性重构"的思维过程，弄清这个理论所舍象掉的社会变量在我国同样是无关紧要、这个理论所抽象出来的几个变量在我国同样是重要的变量时，这个理论对我们的经济实践才会有实际的指导意义。

近年来，国内每年发表的经济学论著可谓不少，但到现在为止国内的经济学研究在国际上没有得到多少承认，少数做得较好的也被认为是在为外国学者整理资料。产生这一现象的原因当然不只一端，其中之一是：改革开放前，经济学界受到传统意识形态的束缚，经济学研究不可能在现有理论上有多大的创新。改革开放后，思想上的禁锢一旦消除，理论界便出现了一片空白，经济学工作者的精力主要放在了学习、引进西方现有的理论成果上，这些工作自然得不到国际经济学界的重视。虽然近年开始有经济学者对我国的经验、现象进行总结，但还止于描述的阶段，因此只能得到国外一些中国问题专家的重视。

蔡：中国经济实践与经济学理论之间的关系是双向的，一方面，实践经验乃至教训是理论创新的土壤和养料，所以理论看上去有一定的滞后性；另一方面，理论讨论往往是在实践决策过程中发生的，既是受实践检验和审视的过程，同时也是指导实践的过程。固然，理论抽象有赖于方法论的规范化和创新进步，这需要学习借鉴当代经济学的一些成果，尤其是一些具体的技术和方法，但中国特色的伟大实践需要中国特色的理论出发点和方法论。

对于中国经济学者来说，应该克服两种倾向：一是避免过度数学化和计量化。经济学是一门社会科学，也是人文科学，既要见森林（统计数据），更要见树木（现实生活中的人）。因应最广大人民群众的需要，才能创新经济理论。二是避免把工作中的观察等同于经济学理论。经济学终究是一门科学，是社会科学中最接近经验科学的学科，因此要按照学科规范来分析问题、抽象出理论，用正确的方法进行检验，最终用于解释和指导实践。

周：经济学理论的发展过程，在某种意义上就是对现实中出现的新问题、新现象进行阐释和论证的过程。因此，中国经济学理论取得的丰硕成果，更重要的来源是中国经济改革与发展的伟大实践。中国的发展奇迹使中国学者具有运用自己的经验检验已有理论、创造新理论的底气和发言权，从这一角度来看，中国经济学已进入全面自主创新的新时代。可以预见，在中国经济改革与发展经验基础上对经济学基本理论和规律的新发现，必将汇聚成经济学理论范畴和体系的新革命，为世界经济学宝库增添中国财富。

应当承认，与时代和实践的要求相比，中国经济学理论的研究和创新尚显滞后。一方面，基础理论的研究相对薄弱，比如，对一些基本问题的认识缺乏基本规范，存在不少片面、模糊甚至混乱的观点；再比如，研究方法创新不足，缺乏现代经济学的分析方法和工具运用。另一方面，在引领经济学发展方向上缺乏厚重的理论支撑，引进来的多，走出去的少，常常对外国理论生搬硬抄、拔高甚至神化，并以此标榜甚至"自以为"站在了世界学术前沿。一些学者惯于用西方的概念来裁剪中国的社会现实，将中国丰富的实践和创新变成解释西方理论正确性的注解，习惯于在西方理论的"笼子"里跳舞。

主持人：中央提出了中国经济发展进入新常态的判断，经济学如何在理论上全面系统解读新常态？进一步地，新常态的提法是否可以看成是经济学理论的创新？

蔡：中国经济发展进入新常态的判断，从经济学理论创新的角度看有两层重要含义。第一，它是习近平总书记关于经济工作系列重要论述中，体现全新认识论的一个范例。新常态不仅是一个经济发展阶段的判断，符合经济发展规律和现阶段中国国情，还是更积极、奋发向上的集结号，通过强调认识、适应和引领新常态，帮助我们科学理性地认识过去、把握今天、决定未来。第二，新常态这个概念内涵十分丰富，从科学判断经济形势出发，提出了在新的经济发展阶段上，要依靠改革、结构调整和转变经济发展方式，实现经济增长动力从生产要素投入驱动型，转向创新和生产率提高驱动型。由于这个理念既具有经济学的抽象力，有助于我们预测未来，又具有经济政策的实践力，所以是经济学理论的一个重大创新，同时也是一个将会通过实践不断得到检验、丰富、完善从而与时俱进的理论。

周：2014 年 5 月，习近平总书记首次提出中国经济新常态的概念，当年年底的中央经济工作会议第一次正式宣布了对中国进入新常态经济发展阶段的判断。并明确提出，科学认识当前形势，准确研判未来走势，必须历史地、辩证地认识我国经济发展的阶段性特征，准确把握经济发展新常态。这是中央对中国经济进入新的发展阶段的正式界定，对经济新常态的特点、发展理念、增长动力、增长结构和未来态势进行了初步论述，基本形成了"新常态经济学"的理论框架，并总结了进入新常态三年来的经济实践，奠定了未来经济发展的理论和实践基础。可以说，这是经济学理论的又一次创新。

中国经济新常态的提出，说明对一国经济发展的研究不应只关注短期的热点问题，应该更加注重研究长期发展的问题。新常态作为经济发展的一个阶段，是在各种要素禀赋、发展趋势、外部条件和环境已经或正在发生诸多重大变化的情况下，经济体内在机制发生自组织变化而进入到一种新的均衡状态。我国提出经济新常态的研判，就是强调经济发展要关注经济体的内在因素与外部条件发生变化的过程、相互作用的机制与变化的方向。因此，经济发展新常态的提法可以看成是经济学理论的一个创新。

主持人：如何理解习近平总书记提出的"立足我国国情和我国发展实践，揭示新特点新规律，提炼和总结我国经济发展实践的规律性成果，把实践经验上升为系统化的经济学说"？

蔡：十八大以来党的一系列治国理政新理念、新思想、新战略、新举措，推动了我国经济社会发展新实践，也形成了大量新成果。按照马克思主义实践观，理论来源于实践，正确的理论又反过来指导新的实践。按照习近平总书记的要求，经济学理论工作者面临的任务、应该遵循的原则和应该努力做好的工作包括以下几点：

第一，真正立足于我国改革开放发展的实践，把从国情出发作为开拓当代中国马克思主义政治经济学新境界的出发点。越是中国的才越是世界的，从国情出发上升的理论，不仅对我们自己的实践具有切实针对性和指导意义，对广大发展中国家也更有借鉴意义。

第二，实践经验有时来自个别事例，或者分别表现为个别事例，只有揭示每一个事例和每一项经验背后的一般规律，才能升华为理论，否则也只是经验的堆砌，指导意义就被降低了。

第三，理论应该具有鲜明的时代感，我们所要创立的是当代中国的社会主义政治经济学，是指导中华民族伟大复兴的经济理论，它必然与以往理论的发展一脉相承，更要求达到指导我们今天和明天新实践的时代高度。

林：我国经济学研究的成果要国际化，不应舍近求远，而应以本土问题为入手点。研究对象的本土化除了有利于我国经济科学研究成果的国际化外，还将使我国的经济学家更有可能对我国的改革和发展作出贡献。经济学理论的创新经常是在现有理论解释不了某一特定社会的经济现象时发生的，因此，即使是对国际思潮产生重大影响的经济理论，在本质上也是某一特定社会的本土化理论。对我国经济改革和发展过程中出现的许许多多现象的解释和一系列重要问题的解决，在很大程度上有待于我国的经济学家从本土现象的深入研究中提出新的理论来，这样才能较好地说明产生这些问题的背后原因，并找出最终解决这些问题的办法。

周：实践是理论的源泉。改革开放三十多年的艰辛探索，为形成具有鲜明中国特色的"系统化的经济学说"奠定了重要的理论基础，目前至少已经形成诸如社会主义初级阶段、社会主义本质论、"三个有利于"标准、家庭联产承包责任制、先富和共富、市场在资源配置中起决定性作用和更好发挥政府作用、公有经济主体论、按劳分配与要素分配结合论、经济新常态、五大发展理念、对外开放、供给侧结构性改革等不同于西方的、原创性的中国"术语"，是构成中国经济学话语体系和学术范式的显著标识。

主持人：未来的中国经济学如何走向世界？能否构建一个全新的中国经济学学派，进而能够在世界学术界起到引领作用？

林：社会科学理论贡献的大小决定于被解释现象的重要性。进入近代社会以后，各国的经济关联十分密切，发生在大国的经济活动不仅影响大国本身，而且会对世界上其他国家发生重大影响。因此，研究世界上最大、最强国家的经济现象，并将之总结成理论的经济学家，就容易被认为是世界级的经济学家。在20世纪30年代以前，世界上著名的经济学家基本上不是英国当地人，就是旅居英国的外国人。20世纪30年代以后，世界上著名的经济学家基本上不是美国人，就是在美国工作的外国人。原因就在于，从18世纪工业革命以后直到第一次世界大战，世界上最大、最强的经济体是英国，第一次世界大战结束以后，世界经济重心逐渐转移到美国。

我判断，最慢到2025年，即使按照市场汇率计算，中国的经济规模也会超过美国，成为世界第一大经济体，按照购买力平价计算，到2025年，中国的经济规模可能是美国的1.5倍或者更高。随着我国经济在世界经济中地位的提升，发生在中国的经济现象会是最重要的世界经济现象，解释这个经济现象的理论会是最重要的理论。世界经济学的研究中心很有可能转移到我国来，并迎来中国籍的世界级经济学大师辈出的时代。并且，来自我国的理论创新也会对其他面临和我国相似的条件和挑战的发展中国家的经济发展提供参考借鉴，帮助他们摆脱低收入或中等收入陷阱。

蔡：最富有史诗意义的经济发展实践，是经济学发展的动力，把经济学研究推向了一个又一个高峰。我们从未如此地接近中华民族伟大复兴的中国梦，伟大的实践呼唤伟大的理论，对中国特色、中国气派经济学的需求必将越来越强烈，不仅将用来指导中国长期可持续经济发展的实践，而且会在世界范围成为经济学的主流，成为我国的一种软实力。

做到这一点，首先要求我国各级干部深刻认识、适应和引领新常态，保证中国经济持续健康增长，如期实现"两个一百年"目标；其次要求我国经济学家站在世界经济学科发展的前沿，进行创新性的探索，否则中国奇迹就只能停留在经验层面而达不到理论的高度；最后要求中国的经济学家及其成果要有更高的标准，胸怀更大的使命感，引领国际经济学前沿。

周：真正意义上的中国经济学，不能局限于简单归纳和总结发生在中国的、与西方国家不同的经济政策和做法，而是必须发现不同于西方经济学的理论前提，这种前提性的差异深藏于文化的差异之中。我国五千年历史的文化传统与西方不同，正是因为这种文化差异，中国经济学才可能得以建立。文化是中国经济学的根和土壤，中国经济学研究应把东方文化的精髓作为哲理性的范畴引入研究框架和范式，这样才有助于推动中国经济学跨上一个新的、更有活力、更能引领发展的高度。

此外，中国经济学教育和研究要尽快扭转只在西方"理论笼子"里跳舞的倾向，立足中国现实，提炼中国问题，借鉴国外，融入国际，正确总结"中国理念"，科学概括"中国经验"。只有如此，才能真正使中国经济学走向世界，引领世界。

（本文原载《光明日报》2016 年 3 月 2 日）

认清新自由主义的实质

——评米尔顿·弗里德曼《资本主义与自由》

周　文

　　米尔顿·弗里德曼是美国著名经济学家，货币学派代表人物和新自由主义的集大成者。1912 年弗里德曼出生在纽约一个普通的工人家庭，21 岁芝加哥大学硕士毕业后，主要在政府和大学工作。弗里德曼辅佐过新政，担任过美国财政部顾问，在大学任教或参与研究小组，曾当选为美国经济学会会长。1946 年获得哥伦比亚大学博士学位后，到芝加哥大学从教，用近 30 年时间打造出西方经济学的知名流派——芝加哥学派。由此，芝加哥大学成为新自由主义的大本营，而弗里德曼成为芝加哥学派的领军人物。弗里德曼在 1976 年获诺贝尔经济学奖，1988 年获美国国家科学奖章。

　　弗里德曼辩才极佳。加里·贝克尔认为，弗里德曼可能是全球最为人认识的经济学家，他能以最简单的语言表达最艰深的经济理论。

　　弗里德曼在经济学上的贡献主要体现在货币、消费和自由市场经济三大理论领域，代表性著作有：《对货币数量论的研究》、《消费函数理论》、《资本主义与自由》、《美国货币史，1867—1960年》等。比较有趣的是，弗里德曼获得诺贝尔经济学奖的主要理由是其在消费分析、货币理论领域的贡献，但他被世人最为熟知的则是其"自由市场经济"的思想。他曾以一支铅笔说明自由市场原理的片段，广为传颂，至今依然在网络上可见其踪影。

1962年出版的《资本主义与自由》，是弗里德曼自由市场经济思想的经典之作，以此奠定了他的新自由主义"先锋"地位。此书首版距离第二次世界大战结束不到二十年的时间，当时美国仍未脱离"大萧条"的阴影，因推崇凯恩斯主义经济学，导致政府开支急剧增长。弗里德曼在书中极力反对这些现象，并且指出经济的中央集权必然导致个人和政治自由的毁灭。所以，《资本主义与自由》的主题只有一个：捍卫自由市场经济，反对政府干预。

用弗里德曼自己的话说，本书的主要论点为，竞争的资本主义——通过在自由市场上发生作用和私有企业来执行我们的部分经济活动——是一个经济自由的制度，也是政府自由的一个必要条件。本书的次要观点是：政府在致力于自由和主要依赖市场组织经济活动的社会中应起的作用。但是，本书的内容有三个方面值得引起注意：

首先是反对政府干预。针对凯恩斯提出的实现"充分就业"和"经济增长"，政府必须加大干预，扩大政府开支的理论，弗里德曼认为，政府干预是错误的，正是政府干预导致经济波动。"经济萧条像大多数其他严重失业一样，是由于政府管理不当造成，而不是由于私有制经济的任何固有的不稳定性。"而且政府干预影响了市场竞争的公平性，直接或者间接成为垄断的重要来源。他甚至错误地认为，政府干预会扼杀个人行动的多样化和差异化。"哥伦布不是响应议会大多数的指令才出发去寻找通向中国的道路"，"牛顿、莱布尼茨、爱因斯坦、莎士比亚、爱迪生、南丁格尔……他们的成就是个人天才的产物，没有一个是出自响应政府的指令。"

其次是鼓吹完全市场化。弗里德曼崇尚和迷信市场的程度，只有哈耶克可以同他比肩，他们都是斯密的忠实信徒。弗里德曼相信，自由是人类进步的动力，而市场机制提供了自由尽善尽美发挥的基础。即使是市场存在缺陷，这种缺陷也比政府干预带来的危害小。对此，有人批评说，弗里德曼是个天才，但是这个天才"错得离谱"。

第三是美化资本主义。他认为，资本主义和自由企业制度会造成更大范围的不均等，只是一个推论，并且经常被错误解释。相反，"资本主义比其他制度造成更少程度的不均等，而资本主义发展还大大减少不均等的范围。国家愈加资本主义化，在任何意义上的不均等看来是越少，英国少于法国、美国少于英国。"事实上，恰恰是弗里德曼自己在进行错误的逻辑推导，因为他把资本主义实现中的不均等简单地归因于市场不完全性，进而把这种市场的不完全性说成是政府行动所造成。

可以肯定的是，在一个相信政府可以解决所有问题的年代，弗里德曼充当的只是"反面角色"。因此，《资本主义与自由》首版时，并没有太多的人欣赏弗里德曼的观点。

直到 20 世纪 70 年代末、80 年代初以"撒切尔主义"和"里根经济学"的名义将新自由主义推上英美两国主流经济学的宝座，弗里德曼才再次"名声大噪",其新自由主义理论才引起关注。随着后来的"华盛顿共识"的出笼,西方国家企图用新自由主义理论发起改造全世界的"十字军远征",以达到"不战而胜"的目的。基于此,福山甚至宣称这将是"历史的终结"。

现在回头看,正是由于推崇新自由主义,拉美经历了"失去的10年",亚洲爆发金融危机,非洲经济增长大幅下降,美国遭遇次贷危机,欧洲至今仍未完全摆脱债务危机的影响。俄罗斯更是对推行新自由主义有着"刻骨铭心"的教训和体会。时至今日,很多经历过那个时期的俄罗斯人仍对这种西式经济理论心有余悸。由此可以清晰地暴露出新自由主义给全世界带来的灾难性后果。

与此形成鲜明对照的是,自改革开放以来,中国经济发展的实践不断超越西方经济学教科书中的教条,用事实改写西方对中国经济发展的屡屡误判,成功地走出一条具有鲜明中国特色的社会主义经济建设道路。今天来看,中国经济的奇迹和成功,应归功于经济体制改革中始终坚持政府与市场的两点论、辩证法,以及注重两者的有机结合,而不是简单地推行市场化,更不是西方化,中国改革与发展自始至终抵制着"华盛顿共识"的"正统经验",寻求适合本国的发展路径。中国改革发展的成功,是对新自由主义理论中的政府与市场关系的颠覆和重构,更是中国特色社会主义政治经济学的创新和发展。对此,弗里德曼无法理解也无法解释,曾发出感叹,谁能解释中国经济,谁就将获得经济学诺贝尔奖。

现在新自由主义在国际上已经名声扫地,但在国内,新自由主义思潮并未偃旗息鼓,还在企图占领理论阵地,甚至力图影响中国改革与发展。近年来，"新自由主义"在我国以各种说辞和概念出现，让人感到扑朔迷离甚至混乱不堪。新自由主义作为经济理论、社会思潮和政策主张的混合体，带有更大的理论欺骗性和社会影响力。我们要高度警惕新自由主义思潮可能带来的社会影响，而且更要特别注意防止新自由主义政策主张可能造成的社会危害。

（本文原载《光明日报》2016 年 12 月 6 日第 11 版）

超越凯恩斯主义

——再读约翰·梅纳德·凯恩斯《就业、利息和货币通论》

> 本书以如此复杂的方式所表达的思想却是简单的。困难之处并不在于新思想，而在于旧学说。
>
> ——J.M. 凯恩斯写在《就业、利息和货币通论》出版的序言

1936 年，凯恩斯发表《就业、利息和货币通论》，标志着由凯恩斯创立的现代宏观经济学的理论体系诞生，从而实现了经济学演进中的第三次革命，被称为经济学上的"凯恩斯革命"。这是西方经济学史上具有划时代意义的事件，由此翻开了 20 世纪经济学的崭新一页。

事实上，《通论》出版初期曾受到经济学家们的批判和质疑，也曾引起广泛的争论，但《通论》的基本观点不久便被经济学界普遍接受。后来凯恩斯的追随者对《通论》进行了大量的诠释、修补和发展，逐渐形成在理论和政策上具有广泛影响的凯恩斯学派，或称凯恩斯主义，其经济理论基本上被视为现代宏观经济学的同义词。因此，在经

济学说史上把从《通论》出版直到 60 年代中期这一时期称作"凯恩斯时代"。

凯恩斯学养深厚，经历丰富。他的父亲是剑桥经济学家和逻辑学家，母亲曾任剑桥市长。其经济学传承于剑桥大学马歇尔和庇古两位大家，先后担任过财政部顾问、保险公司董事长，投资公司负责人，以及西方经济学权威杂志《经济学杂志》的主编。1944 年，凯恩斯出席了布雷顿森林国际会议，协助建立了以美元为中心的国际货币体系，并担任了国际货币基金组织和国际复兴开发银行的理事。凯恩斯一生著作颇丰，但重要的是"三部曲"，即《货币改革论》(1923 年)、《货币论》(1930 年)、《就业、利息和货币通论》(1936 年)。因此，凯恩斯是为数不多既擅长经济理论研究，又擅长投资和社会实践的经济学家。

英国《泰晤士报》曾如此评价凯恩斯，他是一位天才，作为政治经济学者，有着世界影响……要想找出一位能与之相比的经济学家，我们必须上溯到亚当·斯密。因此，凯恩斯及其《通论》的重要性是显而易见的。

任何伟大的著作都是时代的产物，都是思考和研究当时当地社会突出矛盾和问题的结果。凯恩斯《通论》也同样如此。在 20 世纪 30 年代前，新古典经济学作为西方主流经济学，一直奉行着萨伊信条，坚信供给会自动创造需求。在新古典经济学那里，自由竞争、自动调节的经济才是最好的经济制度，政府最好的政策是自由放任。虽然新古典经济学也承认，经济会短期出现失衡，但是从长期来看，通过市场自动调节最终达到均衡。

对此，1926 年凯恩斯发表《自由放任主义的终结》，对新古典经济学提出挑战，借此否定新古典经济学的命题，强调运用国家调节来解决市场机制的缺陷。正是 1929 年至 1933 年发生的世界经济危机宣告了新古典经济学的破产，击碎了自由放任的神话，也验证了凯恩斯的判断和预言。大量企业倒闭，物价暴跌，失业大军激增，整个西方经济陷入瘫痪境地。面对如此的经济困境，新古典经济学无法解释大萧条中出现的各种经济现象，更不能为摆脱危机提供"有效"对策。凯恩斯在 1933 年再次发表《繁荣的途径》，提出自己的见解。但是，这时凯恩斯提出的政策主张，由于尚未具备系统理论的力量，不足以产生较大影响，并没有引起广泛关注。直至 1936 年，《通论》的发表才奠定了凯恩斯在西方经济学的"至尊"地位。

凯恩斯在经济学理论上的贡献，首先是推翻了萨伊定律，提出凯恩斯定律。他认为不是供给创造需求，而是有效需求决定产出和就业。按照凯恩斯的解释，资本主义危机的根源在于有效需求不足。正是由于有效需求不足，充分就业不是资本主义"常态"，非充分就业才是常态，这也是凯恩斯将自己的著作定名为"通论"的原因。

根据凯恩斯有效需求原理，总就业量决定于总需求，失业是由总需求不足造成的。而有效需求不足的原因在于"三个基本心理规律"，即消费倾向、灵活偏好和未来资本收益预期。由于消费边际递减、心理上的灵活偏好和资本收益边际递减，当收入增加时，消费也会增加，但不如收入增加快。同时，私人投资也会出现不足，因此经常引起需求不足。

其次是在方法论上开启了经济学的宏观总量分析方法。新古典经济学坚持市场自动调节，自由放任，坚信经济不会发生严重失调，强调只需要关心单个厂商和消费者行为。而凯恩斯认为，由于市场机制本身的缺陷，只有通过国家干预才能实现充分就业，从而保证宏观经济的正常运行。

第三是在政策主张上提出了宏观经济的需求管理原则。针对有效需求不足，提出只有通过政府赤字财政，扩大政府投资以弥补私人投资不足刺激经济发展。

第二次世界大战后，罗斯福新政与凯恩斯理论不谋而合。正是由于理论得以运用于实践并获成功，让凯恩斯及其经济学说名声大振，享誉世界。

当然，凯恩斯并不是完全否定整个新古典经济学，他只是提出对新古典经济学的补充和完善。他认为，只要修补好市场机制的缺陷，新古典经济学仍然是正确的。这种理论上的不彻底性，也同时注定了凯恩斯主义经济学的局限性。

到 20 世纪 80 年代中期，面对越来越严重的经济滞胀，凯恩斯主义失去了解释力，由此新自由主义渐成主流，英美等发达国家开始纷纷推崇新自由主义政策主张，"华盛顿共识"一时风行拉美东欧。直到 2008 年金融危机，凯恩斯主义也曾短暂"回光返照"，但仍然无力回天，难返当年的风光和辉煌。

因此，今天我们在借鉴和吸收凯恩斯理论的同时，更需要重新全面评估凯恩斯主义。第一，凯恩斯主义理论的核心是注重需求侧管理，政策上通过刺激需求达到经济调控目的，但结果带来的只是短期经济成效，导致的却是长期经济滞胀。更何况一个正常的经济体，总不可能永远依靠简单的财政刺激来维持发展速度。第二，凯恩斯主义是时代的产物，必然受时代的局限。任何宏观经济政策与它所处的经济周期、历史阶段都有着密切联系，简单的照抄照搬，必然产生"淮南为橘、淮北为枳"。

当前，世界经济仍然处在深度调整期，同样面临经济增长动力不足、陷入低增长的困境，究其深层次原因，有周期性、总量性问题，但结构性问题最突出。因此，结构性问题已经成为阻碍世界经济强劲、平衡、可持续发展的关键性因素，加强结构性改革和提升潜在增长率是世界经济复苏的必然选择。按照凯恩斯主义理论，仅仅只注重需求侧管理不足以从根本上扭转当下世界经济的颓势。

在这种背景下，中国率先推进供给侧结构性改革，强调"看得见的手"与"看不见的手"作用的有机结合，体现了对供给与需求关系的辩证把握，这是对凯恩斯主义经济学的超越。中国作为结构性改革的践行者和引领者，不但将给世界经济调整提供中国方案和中国经验，更将贡献中国智慧。

（本文原载《光明日报》2016 年 11 月 1 日第 11 版）

促进人口的长期均衡发展

——对马尔萨斯《人口原理》的解读

周　文

托马斯·罗伯特·马尔萨斯的《人口原理》出版于 1798 年，是经济思想史上最受争议的一部著作。凯恩斯在评价时说，《人口原理》是一本天才的著作，它已找到人类苦难的线索。马尔萨斯则被凯恩斯视为古典学派最伟大的经济学家。正是《人口理论》奠定了马尔萨斯的持久成功。1804 年，马尔萨斯成为英国甚至世界首位政治经济学教授。马尔萨斯的观点不但影响了达尔文的进化论和斯宾塞的社会进化论，还直接影响了当时的政策，在 1800 年《人口原理》出版一年时间后，英国《济贫法》取消。

《人口原理》之所以能成为一部伟大著作，有两点是公认的。其一，《人口原理》出版后引发了人们对人口问题的关注，人口学由此发展为一门独立科学。其二，在《人口原理》中，马尔萨斯的主要论题是人口增长快于食物增长，"将人口幽灵残酷地压在食物供给上"，这一设定令人类发展前景黯淡，由此产生了经济学是"沉闷的科学"的质疑。

马尔萨斯自幼在家接受教育，大学和硕士在剑桥大学修完。其一生从事的职业有两个，牧师和教师。23岁获得学士学位后，他到萨里郡的奥尔伯里当了牧师。1805年，38岁的马尔萨斯执教于英国东印度公司设立的东印度学院，担任历史和经济学教授，直至1834年去世。

《人口原理》在马尔萨斯生前出版了六版。除第一版和第二版差异较大外，其他几个版本变化不大。第一版是匿名发表的，第二版有了作者署名且书名作了较大改动，篇幅亦有增加。第一版中马尔萨斯提出抑制人口增长只有通过增加人口的死亡率才能实现，第二版则认为可以通过减少人口的出生率来抑制人口增长。相对第一版，第二版给出的方法"既不属于恶习，又不属于苦难"，结论表达略微缓和。但第一版行笔自然、通俗易懂、结构明了，更为流行。

《人口原理》诞生于特定时代背景，是在研究人口原理的过程中，反对法国革命和社会改革思潮，满足政治斗争的需要。马尔萨斯自己在开篇就讲到"我们正在跨入一个充满重大变革的时期，这些变革在一定程度上，对于人类未来的命运将是决定性的"。1789年，法国资产阶级民主革命爆发，激发了英国劳动群众的斗争热情。被剥夺土地的农民、破产的手工业者和大批失业的工人不断积聚，反抗运动此起彼伏。由于工业革命后的生活水平提高，英国人口增长加快，1790年英国开始进口粮食。与此同时，英国的贫富差距开始拉大，社会底层人民的生活日益贫困。如何压制群众反抗，如何看待和解决失业和贫困问题，成为那个时期英国社会关注的焦点，也引发了思想界的辩论，现制度拥护者与社会改革派之间互不相让。事实上，大革命后的欧洲沉浸在这样的思索中："人类此后究竟是开始大踏步前进，还是注定要永远在幸福和不幸之间徘徊。"显然，马尔萨斯倾向于灰暗的循环论。他预见到，即使在亚当·斯密主张的自由放任下，在社会完善的道路上依然存在着巨大的、不可克服的困难，其中之一就是人口压力。

马尔萨斯人口理论的主要思想是人口增长快于食物供给增加。他把人口理论建立在两个假设之上：第一，食物为人类生存所必需；第二，两性间的情欲是必然的，且几乎会保持现状。由此引申出"人口的增殖力无限大于土地为人类生产生活资料的能力"。马尔萨斯认为，如果缺乏人口控制，人类将以几何级数增加（1，2，4，8，16……），食物以算术级数增加（1，2，3，4，5……）。人口必然总是被压低至生活资料的水平，这是一条显而易见的真理。马尔萨斯的这个观点并不是由他最早提出的，在亚当·斯密、本杰明·富兰克林的著作中都能找到蛛丝马迹，但马尔萨斯的阐述将人口问题凸显出来，极大地影响了当时的经济思想。

今天来看，马尔萨斯人口理论存在很多问题。例如，马尔萨斯不认可技术的发展有可能解决人口问题，这使得他的理论在现代来看是过时和无效的。还有，马尔萨斯把不同社会形态下发生的贫穷和不幸都归因于人口增长快于食物供给增加，这也是错误的思考。人口的数量和质量对社会发展有重大影响，但不能成为影响社会发展的重要力量。

而更为错误的是"马尔萨斯的办法"。他明确反对给予穷人基本保障的《济贫法》。他认为："济贫院收容的人一般不是最有价值的社会成员，但他们消费的食物却会减少更为勤劳、更有价值的社会成员本应享有的食物份额，因而会迫使更多的人依赖救济为生。"在马尔萨斯看来，正是《济贫法》产生了"它所养活的穷人"，因此，消除贫困就需要消灭穷人，让穷人无法生育甚至无法生存。很明显，这种逻辑是根本错误的，颠覆了基本的公平与正义，违背了起码的道德伦理观念。

尽管马尔萨斯的学术思想带有悲观色彩，但却给世人启迪。用他的话说，他绘出的黯淡色彩，完全是因为现实中就有这种色彩，而不是因为他的眼光有偏见。马尔萨斯的这份情怀，是经济学界罕见的。

值得一提的是，马尔萨斯在《人口原理》中特别谈到了中国的人口问题，认为中国存在人口过剩的现象。而且马尔萨斯人口理论一传入中国，便极大震撼了近代中国的社会精英。梁启超、严复纷纷撰文鼓吹晚婚、控制生育，认为人口过多是造成中国贫困落后的重要原因。这种观念自此一直影响着奋力赶超西方的中华民族。新中国成立之初，社会主义建设欣欣向荣，与轰轰烈烈的工业化、现代化转型相伴的，正是人口迅速增长。马寅初提出了著名的《新人口论》，并掀起一场波及全国的关于人口问题的学术论争。这场以马寅初受到批判为结局的论战深刻影响了之后几十年中国的人口走向，并催生了20世纪80年代至今的计划生育政策。

现在中国经历近40年的改革开放，经济总量已位居世界第二。以劳动力比较优势支撑中国经济奇迹的传统发展格局已发生变化。人口红利消失，未富先老的风险犹存。如何应对人口结构问题对中国经济发展的挑战，是一个非常紧迫的问题。中共十八届三中全会《中共中央关于全面深化改革若干重大问题的决定》提出，坚持计划生育的基本国策，逐步调整完善生育政策，促进人口长期均衡发展。2016 年 1 月 1 日起，我国全面放开二孩政策。这一决策将为我国转变经济发展方式、培育经济持续健康发展新优势，准备了更为有利的人口条件。

（本文原载《光明日报》2016 年 9 月 27 日第 11 版）

探索经济的长期增长

——解析西蒙·库兹涅茨《各国的经济增长》

方　茜

　　西蒙·库兹涅茨是美国著名经济学家，1971 年诺贝尔经济学奖获得者。1901 年库兹涅茨出生于俄国一个商人家庭，22 岁进入哥伦比亚大学攻读经济，仅用 4 年便在该校修完本科、硕士和博士课程，获得博士学位。库兹涅茨是非常活跃的学者，在担任国家经济研究局研究员的同时，也在大学和政府任职，担任过宾夕法尼亚大学、约翰·霍普金斯大学统计学和经济学教授，美国经济学会和美国统计学会会长，以及多国政府顾问。1960 年库兹涅茨到哈佛任教，直至 1971 年退休。

　　库兹涅茨一生学术成果丰厚，发表了 200 多篇论文，完成了 31 本著作，成果主要分布在经济周期、国民经济核算和经济增长三大领域。"库兹涅茨曲线"为国人熟知，但其成就不止于此，还有两大贡献：第一，他定义了国民收入及其组成部分，建构了国民收入核算体系，被誉为美国 GNP 之父。这一贡献为凯恩斯主义提供了经验数据的"血肉"，也为政府干预经济奠定了基础，成为凯恩斯主义实施的前提。其二，库兹涅茨对西方发达国家的经济增长进行了系统研究。他擅长史料收集，把经济增长分析与国民收入分析进行融合，考察发达国家的经济进程，探索影响经济增长的长期因素。在实证分析的基础上开展经济增长理论的研究，是瑞典皇家科学院授予库兹涅茨诺贝尔经济学奖的主要原因。

《各国的经济增长》出版于1971年，是在库兹涅茨发表的一系列专论基础上形成的，是反映库兹涅茨经济增长理论的代表作。全书共有七章内容，从经济增长率水平和变化、生产率增长与非常规费用、总产值和劳动力的部门份额等角度，对发达国家经济增长的数量特征进行了分析。该书中，库兹涅茨对美国和欧洲主要国家的分析，时间跨度长达一个多世纪，内容涵盖经济总量、增长率、生产率和经济结构等。翔实的数据资料、启发性的分析结论，以及深入浅出的理论剖析，在给读者留下深刻印象的同时，带来思想冲击。在笔者看来，至少有五点值得分享。

第一，促进经济增长应关注长期因素。凯恩斯曾说：长期来看，我们都会死的。与关注短期因素、需求侧因素为特征的凯恩斯主义不同，库兹涅茨认为，"当前的机会和存在的问题是由那些发展缓慢的经济条件和经济关系造成的"。他关注生产率、生产要素等影响经济发展的长期要素。他十分关注由技术进步、管理水平、劳动力素质、要素使用效率等因素的改进、革新带来的增长。

第二，经济长期有力的扩张依靠技术革新的积累，可用先导部门的发展来解释。库兹涅茨认为，技术革新的高速度和高扩散是经济增长的主因。技术革新首先在个别或少数行业中出现，然后从某一生产分支逐步移至另一生产分支。如在工业部门是与电子学、原子能和空间探索相联系的行业，在服务部门中则是与保健、教育和文娱相联系的行业。美国 20 世纪经济大萧条以前的数据也支持库兹涅茨的观点，如铁路的修建、钢铁工业的增长、石油和电力时代的来临以及汽车工业的崛起。

第三，重视人口因素对经济增长的积极作用。库兹涅茨认为，当经济增长把人们的生活质量维持在较高水平时，人口增长的加速是必然的。而医疗设施的改善，人口寿命的延长以及"提高产量的有用知识积累的增加"在加速人口增长、大量迁徙和就业转换的同时，又对经济增长起到了积极作用。技术变革使得大规模生产和经济成为可能，"一个大规模的工厂含有一个稠密的人口社会的意思，也意味着劳动人口、总人口向城市转移"，由此带来更大的经济投入。库兹涅茨对人口增长持有乐观的态度，与马尔萨斯眼里经济学是"沉闷的科学"截然不同。

第四，库兹涅茨始终强调经济增长与结构的关系。他强调经济的高增长率与生产结构的高变换相联系。生产结构的改变对新的需求的发生与扩大起着巨大的作用，而新的需求的扩大又以种种方式对新的技术革新施加压力，从而形成高速的全面增长。他认为，经济增长与消费结构是相互联系的。经济增长率越高，消费者需求结构的改变越大。经济增长使得人们的消费从人均产值较低水平上的"必需品"向人均产值较高水平上的"高档"商品和"奢侈品"转移，而带来经济增长的新产品的技术革新也会改变生活条件，造成新的需求压力。

第五，起点和增速制约欠发达国家进入发达国家行列。"一个国家之所以未能成功地达到使其进入发达国家行列所要求的人均产值（和有关结构），很可能是由于其最初的人均产值太低"，或者是因为其人均产值增长率很低，或者两者兼而有之。就这一点来看，中国虽保持了三十余年的高速增长，但因进入现代经济增长的起点较低，成为发达国家尚需时日。

库兹涅茨是经济学家中少见的不走前人路的学者。他很少批评传统经济理论的不妥之处，也不关心调查研究中的"传统结构"，专心致力于建立新的基础。在他是否算得上是理论经济学家这个问题上，一直有争论。一些学者更愿意将他称为"技术统计学家"和"史料搜集者"。瑞典皇家科学院授予库兹涅茨诺贝尔经济学奖是对这些质疑之声的有力回击。

当下，中国面临短期增长因素效力减弱、经济结构调整压力增大、供给侧改革触点待定等一系列问题。库兹涅茨的《各国的经济增长》或许能借给我们一双慧眼，帮助我们在繁杂的经济社会大系统中寻找正解。

（本文原载《光明日报》2016 年 11 月 15 日第 11 版）

如何持续创新

——《经济发展理论》再解读

方　茜

西方经济学界中有一个特立独行的人，就是著名经济学家约瑟夫·熊彼特。熊彼特天赋异禀，23 岁获得博士学位，28 岁成为教授。1912 年其代表作《经济发展理论》出版时，他还不到 30 岁。熊彼特在《经济发展理论》中反复强调"持续的创新是资本主义经济最重要的特征"，这一观点与当时的主流经济学——新古典经济学截然不同，赢得了经济学界的赞誉。熊彼特成名虽早，但人生的前半段并不走运，从政、经商均不成功。1932 年他定居美国，从教哈佛大学，学术研究渐入佳境，以《经济周期：资本主义过程的理论、历史和统计分析》、《资本主义、社会主义和民主》两部著作构建出"以发展为中心"的理论体系。《从马克思到凯恩斯的十大经济学家》、《经济分析史》两部杰作则在彰显其深厚理论功底的同时，闪烁着思想的光芒。

《经济发展理论》最早以德文发表，此后做了修订再版。1934 年，以德文修订版为依据的英译本由美国哈佛大学出版社出版。全书共有六章内容，深入而全面地阐述了熊彼特对经济发展的认识，以及对利润、资本、信贷、利息和经济周期的考察。当然，书中最为精彩的部分还是创新理论。作为创新理论的提出者，熊彼特的独到见解奠定了其在经济研究领域的独特地位，也成为其主要成就。《经济发展理论》面世于第一次世界大战前，历经两次世界大战，世界经济体系变革和全球经济一体化，其核心内容"创新理论"对经济现象的解释力依旧强劲，弥久如新。笔者以为，对当下的中国，《经济发展理论》有四点值得细品。

其一，发展不是积累而是创新（对发展内涵的拓展）。在熊彼特看来，经济发展不能仅仅从经济方面来解释，而必须在经济理论所描述的一类事实之外去寻找。发展，不是人口、财富的简单积累，而是经济生活内部蕴含的质上的自发性突破，也就是"创新"。他认为，现代经济生活是在"破中求立，边破边立"中成长起来的。就这一点来看，我国当下正在进行的经济体制机制改革，既是对国内盛行"就增长谈发展"认识的批判，又是对"打破旧均衡，实现新均衡"的积极探索。而党的十八届五中全会提出的创新、协调、绿色、开放、共享五大发展理念，体现了国家对经济发展的深刻领悟，是国家进步的象征。

其二，重点在生产而非需求（对需求要素的淡化）。在《经济发展理论》中，熊彼特没有考虑消费者需要中的任何自发性，假定嗜好是"给定的"。他不否定"新需求产生，继而带动生产"的联系方式存在，但他认为，一般是生产者发动经济的变化，而消费者只是在必要时受到生产者的启发，需要是一切生产的终点。这一设定使其对经济的理解偏重于"供给",也使其与关注"需求"、倡导政府救市的"凯恩斯主义"相悖。从现实来看,随着我国政府干预经济的效力不断减弱,熊彼特的设定更适应国家的政府职能改革、供给侧结构性改革,回归"生产"无疑是一个理性选择。

其三,运用信用的企业家是关键(对创新理论的构建)。熊彼特强调创新(生产技术的革新和生产方法的变革)在资本主义经济发展过程中的重要作用,并将创新视为资本主义的最根本的特征。在他看来,创新是"建立一种新的生产函数",包括新产品、新技术(生产方法)、新市场、新供应来源和新的企业组织。创新可以打破经济生活"循环流转"的"均衡"状态,而合理地运用信用的企业家是关键。熊彼特的五类创新为我国创新驱动发展战略的实施提供了系统路径,他对企业家的认识为强化企业家创新功能,发掘"企业家精神"提供了强有力的理论支持。

其四,要适应繁荣与萧条的交替(对经济周期的解释)。熊彼特认为,创新具有多样性和差异性,对经济发展的影响有大有小,可以用创新活动来解释经济周期。在两个繁荣之间必然存在一个吸收的过程,经济会呈现出繁荣和萧条相互更替的状态。繁荣从自身创造出一种情形,而这种客观的情形,即使忽略了所有的附属物和偶然的要求,也将使繁荣结束,轻易地导致危机,必然地导致萧条。他将这个过程称之为"再吸收和清理"的正常过程。站在熊彼特的角度,经济发展新常态的中国,处于两个繁荣期之间,这是一个必然的过程。在这个过程中,政府要区分技术上或商业上过时的企业,因偶然事件陷入危险境地的企业。让前者听任市场抉择,对后者给予支持。

需要提及的是，熊彼特理论受马克思的影响较大。经济学家保罗·斯威尔认为，熊彼特的研究与马克思理论具有某些惊人的相似之处，如把生产方法的变更看作资本主义的根本特征。而在《经济发展理论》的日文版序言里，熊彼特提出，在经济发展过程是经济制度本身所产生的这一想法上，自己与马克思经济学说的基础概念和目的是完全相同的。此外，马克思主义政治经济学重视对生产力与生产关系的讨论，将生产力当作社会发展的最革命的最活跃的因素。创新理论的本质是讨论如何提高生产力。在这一点上，两者也有极大的相似之处。

1883 年，熊彼特在马克思辞世的那一年出生。我们不知道熊彼特通过何种途径受到马克思的影响，但他对马克思的评价有目共睹。在《资本主义、社会主义和民主》中，熊彼特写道："绝大多数智者的创造或幻想经过一段时间以后，便永久地消失了。但另一些作品却不是这样。它们经历过失落，但它们重新出现了。这就是我们称之为伟大的东西，把伟大和生命力联系在一起并没有什么不好的地方，按这个意思说伟大这个词无疑适用于马克思的学说。"

熊彼特的这段话也可作为对创新理论的评价。在世界经济发展史上，熊彼特是一个真正的智者。

（本文原载《光明日报》2016 年 9 月 13 日第 11 版）

有限的折衷主义

——品读保罗·萨缪尔森《经济学》

方　茜

只有当社会经济航船平稳驶向"有限的折衷"这个新的海域，我们才有可能确保全球经济恢复到充分就业的理想境界。在那里，社会经济进步的果实将能更加公平地为栽培它的人们所分享。

——保罗·萨缪尔森

保罗·萨缪尔森是世界经济史上最令人瞩目，也最有人气的经济学家之一。1915 年，萨缪尔森出生于美国印第安纳州。20 岁在拥有雄厚的大学本科数学背景后，到哈佛攻读硕士和博士学位。萨缪尔森成名很早，32 岁成为麻省理工学院教授，同年获得美国经济学会克拉克奖。1947 年出版的博士论文《经济分析基础》被认为是数理经济学划时代意义的著作，助其 55 岁获得诺贝尔经济学奖。

萨缪尔森的经济学成就体现在其对微观经济形式主义的革命中，

但为萨缪尔森带来广泛声誉，令其家喻户晓的并非其的数学天分或是数理经济学造诣，而是他在 1948 年出版的《经济学》。从 1948 年首版面世到 2009 年萨缪尔森离世前出版的第十九版，《经济学》走过了 60 多个春秋，被译为 40 余种文字，销售量超过一千万册。作为经济学畅销书、大学本科教育的范本，《经济学》被尊为宗师级的教科书。

《经济学》备受国内读者喜爱的原因有两个：其一，与惯常的经济学教科书不同，《经济学》语言表达生动，善于运用明喻、暗喻等修辞手法，规避了沉闷枯燥的逻辑推理，实现了思想传播寓教于乐、深入浅出的目的。其二，《经济学》集众家之长，且在不断地完善之中。萨缪尔森在建立了形式化的凯恩斯主义后，把凯恩斯的宏观分析与传统的微观经济学分析结合起来，构建并统一了宏观经济与微观经济的理论结构，这一做法被称作"新古典综合"。为了增加《经济学》的解释力，萨缪尔森不断更新书稿，剔除陈旧的观念，综合新的思想。《经济学》在保证初学者能够快速概览西方主流经济学全貌的基础上，不断刷新财政学、金融学、发展经济学、环境经济学、制度经济学的相关知识，被西方誉为"流动的经济学百科全书"。

作为 20 世纪中叶的产物，《经济学》映射出萨缪尔森时代的精神状态，也是他思考和研究西方经济社会突出矛盾和问题的结果。除了学者的身份，萨缪尔森在职业生涯中也做过政府的经济顾问。也许正是为政府服务的经历，影响了萨缪尔森的思想，形成了其独特的"折衷"气质。萨缪尔森的折衷，是在亲身体验中西方经济演进的过程中，以包容的心态吸纳更适应现代经济发展、更吻合经济发展规律的理论。在笔者看来，《经济学》中他的对政府和市场、经济科学的折衷值得细品。

关于政府和市场关系，萨缪尔森的"折衷"是对无管制的资本主义制度和过度管制的中央计划体制的糅合。萨缪尔森指出：漫游了经济学领地后，我们的心得是，无论是无管制资本主义制度还是过度管制的中央计划体制，两者都不能有效地组织起一个真正现代化的社会。这一点已经为经济史所证实。在他看来，"市场＋政府"的现代混合经济是一种常态。"所有的社会都是既带有市场经济的成分也带有指令经济（计划经济）成分的混合经济"。萨缪尔森认为，只有在完全竞争成立时，市场机制的优越性才能充分体现出来。但存在三种可能的市场不灵——垄断及其他形式的不完全竞争、市场的外部性（如环境污染）以及公共产品的供给。"在每一种情况下，市场不灵都会导致生产或消费的低效率，而政府在医治这些疾病中往往能够扮演一个很有用的角色。"萨缪尔森倡导现代混合经济的价值，建议将严厉冷酷的市场运作规律与公共热心的政府监管机制巧妙地糅合成一体。从某个角度看，萨缪尔森的观点回应了国内支持自由放任经济的一小部分人。在现实中，市场经济必然遭受制度不完善之苦，"还不曾有一种经济能够完全依照'看不见的手'的原则顺利运行"。

对经济科学的认识，萨缪尔森眼光独特。他认为，"经济科学的最终目的是改善人们的日常生活条件"。提高国内生产总值不是数字游戏，其意味着人们能过上更好的生活，可以使政府更多地开办学校，有更多的财力支持科研，确定适应本国气候和土壤的农业技术。追求市场效率固然是好，但"一个自由和有效的市场并不能必然地使收入分配得到全社会的认可"，过分追求效率导致的巨大的分配差距，在政治上和道义上是无法接受的。社会必须致力于兼顾无情的"市场规则"与慷慨的"国家福利"。经济科学要在充满热情的同时保持冷静的头脑，才能为一个富有效率、繁荣和公正的社会寻找到恰当的平衡点。

除了以上两点，《经济学》还有很多精彩的内容。全书（第十九版）包括七篇三十一章，从微观经济学、要素市场、宏观经济学、经济发展、经济增长与全球经济、事业、通货膨胀与经济政策等角度，对经济思想进行了系统的阐述。整本书的结构安排、内容衔接和逻辑自洽也都刚刚好。

经济新常态下的中国，身处世界经济萧条的大背景，肩负着经济转型的巨大压力，中国经济何去何从的争论不绝于耳。1999年萨缪尔森在《致中国读者》的亲笔信函中写道："地大物博人口众多的中国，在其迅速发展的今天，特别需要我们这本教科书来为您服务。"《经济学》或许正是我们探寻前路的一面镜子，把强有力的思想用于人类社会核心问题的分析，是萨缪尔森撰写《经济学》的初衷，也是我们眼下需要的。

（本文原载《光明日报》2016年10月18日第11版）

图书在版编目(CIP)数据

经济学中国时代/周文著. —上海:上海人民出
版社,2019
ISBN 978 - 7 - 208 - 15713 - 2

Ⅰ. ①经…　Ⅱ. ①周…　Ⅲ. ①中国经济-研究　Ⅳ.
①F12

中国版本图书馆 CIP 数据核字(2019)第 023566 号

责任编辑　罗　俊
封面设计　零创意文化

经济学中国时代

周　文　著

出　　版　上海人 ﾑ ﾒ ﾒ 出 ﾒ 社
　　　　　　(200001　上海福建中路 193 号)
发　　行　上海人民出版社发行中心
印　　刷　常熟市新骅印刷有限公司
开　　本　720×1000　1/16
印　　张　13.25
插　　页　2
字　　数　141,000
版　　次　2019 年 3 月第 1 版
印　　次　2019 年 3 月第 1 次印刷
ISBN 978 - 7 - 208 - 15713 - 2/F • 2580
定　　价　48.00 元